大名人 小故事

文韬武略说曹操

青语 著

中华书局

图书在版编目（CIP）数据

文韬武略说曹操 / 青语著. —北京：中华书局，2015.9（2022.8重印）
（大名人　小故事）

ISBN 978-7-101-10929-0

Ⅰ.①文… Ⅱ.①青… Ⅲ.①曹操（155～220）—
生平事迹—通俗读物 Ⅳ.①K827=342

中国版本图书馆CIP数据核字（2015）第090550号

书　　名	文韬武略说曹操
著　　者	青　语
丛 书 名	大名人　小故事
责任编辑	董邦冠　刘德辉
封面设计	李　睿
封面绘画	LIAR
责任印制	管　斌
出版发行	中华书局
	（北京市丰台区太平桥西里38号　100073）
	http：//www.zhbc.com.cn
	E-mail：zhbc@zhbc.com.cn
印　　刷	中煤（北京）印务有限公司
版　　次	2015年9月第1版
	2022年8月第2次印刷
规　　格	开本/700×1000毫米　1/16
	印张8.5　字数80千字
印　　数	10001-13000册
国际书号	ISBN 978-7-101-10929-0
定　　价	30.00元

致 读 者

仰望中国历史的天空,群星璀璨。他们是史书中的传主,是教科书上的黑体大字,也是活在故事中的著名人物。他们的故事,比普通人的更加跌宕起伏,扣人心弦,也更加发人深省。

"大名人 小故事"丛书,旨在讲述教科书上未曾细说的名人故事。选取的名人,基本上都是青少年朋友喜爱的。讲述的内容,不是面面俱到的传记,而是提取名人一生中若干瞬间,借此画出名人的精神风貌,展现他们精彩独特的个性和不可重复的创造。

故事的来源,大都有史料依据,希望给大家讲述名人们真实的而非戏说的人生。也吸取了少量的传说,从中可以窥见千百年来的民心。

有的故事中出现了著名的历史事件,涉及了相关民俗风情,衍生出了特定的成语典故,则在故事后进行简要讲解。每本书后,还附录了名人的生平简历,以供读者参考。

丛书每册讲述一位名人的故事,以此形成系列。

丛书的作者,都是中青年精锐作家,他们有的写过畅销历史小说,有的擅长写历史散文,有的已出版大部头的名人传记……他们共同的特点,是会讲故事,并且愿意为青少年朋友讲故事,希望把历史讲得生动有趣,让读者喜欢上这些有意思的历史人物。在此谨向他们致敬。

中华书局编辑部

曹操是谁

　　得益于《三国演义》的普及，曹操这个名字家喻户晓；也得益于《三国演义》的普及，曹操在大多数人心里，"名为汉相，实为汉贼"。

　　但是事实果真如此吗？

　　让我们把目光放远一点，再远一点，这样，也许可以穿透时光的滚滚烟尘，看到两千年前干涸的土地。土地上耕作的人们抬起头，能看到远方巍峨的城池和华丽的宫阙。那时候乱世还没有开始，洛阳城里还有很多这样的少年，飞鹰走狗，游荡无度。这些人当中，有一个少年五短身材，貌不出众，他叫曹操，小名阿瞒。

　　不出众的不仅仅是他的相貌，还有门第，他是被时人鄙薄的宦官之后。东汉末年品评天下的"月旦评"活动的主持人许劭就瞧不起他的出身，无论那个少年是卑辞相对还是厚礼相赠，许劭都吝啬于一语之评，直到刀架到他的脖子上，他方才给出注定会流传青史的一句话："君清平之奸贼，乱世之英雄。"——你呀，在清平世道里，不过是一个奸贼，但在乱世里，你可是个英雄。

　　这时候乱世还没有开始。

　　年少的曹操还挥舞着五色棒，走在打击权贵的道路上；还认认真真地上书进谏，希望能够打动皇帝；还曾兢兢业业，治理过济南国。那时候他的志向，是死后在墓碑上能够刻上"汉故征西将军曹侯之墓"几个字。是的，年少时候曹操的"野心"，仅此而已。

以曹操的资质与才能，要达到这样一个目标，并不是太难的事。

但是董卓进京，乱世开始了。

各路诸侯云集于河内，讨董勤王。只是他们各怀鬼胎，坐而论道，要拥立幽州牧刘虞为新帝，曹操拍案而起："诸君北面，我自西向！"你们都往北方去讨好新帝吧，我一个人去长安救天子！虽千万人吾往矣的气度，这就是曹操。

以五千乌合之众起家，收黄巾，破袁术，纵横捭阖，有名扬天下、以少胜多的官渡之战，也有以多欺少、功败垂成的赤壁之恨。是挟天子以令诸侯，还是奉天子以讨不臣？千载之下，依旧众说纷纭，这就是曹操。

曹操就这样走在两千年前的中原大地上，从热血少年，走到白发老翁，他看到"白骨露于野，千里无鸡鸣"，他感伤"生民百遗一，念之断人肠"，他慨叹"对酒当歌，人生几何"，他纵马"东临碣石，以观沧海"，他高歌"老骥伏枥，志在千里；烈士暮年，壮心不已"。

一条路，走着走着，就老了。

到他年老的时候，他已经能够看到他一生奋斗的成果：他重用的人才，他实施的屯田制度，他坚持的严刑峻法，他改革的税制，他为天下百姓所做的一切，轻徭薄赋，兴修水利，戒奢尚俭，打击豪强，抑制兼并。

他是高明的军事家，他是杰出的政治家，他是优秀的诗人。他擅书,但是两千年后,只剩下寥寥七个字。他曾被指责为狼子野心,却这样反问:"设使国家无有孤,不知当几人称帝,几人称王矣!"他不是战争的制造者,最终也没有能够结束战争。他占有中原广大的土地,这片土地上,孕育了繁荣的建安文学。

他以汉帝为傀儡,封公建国,加九锡,但是终其一生,他仍然是汉臣,这就是曹操。

再传奇,也有落幕的时候。到这时候,英雄老去,美人凋零,天下三分,人们说分久必合,但是他已经看不到了,交代完国家大事之后,再没有什么牵挂了,只叮嘱一些分香卖履的小事。

谁也不知道,最后大汉丞相的心里,有没有想起过很多很多年以前那个飞鹰走狗、游荡无度的少年,那时候天下还没有乱,那时候他还以为三尺青锋足以匡扶汉室。到如今,俱往矣。

苍老的曹操长长吐出最后一口气,结束了这个属于英雄的时代。

之后……他之后的世界,有人说,时无英雄,使竖子成名。

但无论如何,魏武帝曹操,当得起"英雄"两个字。

目录

五色棒执法

公元174年的洛阳，出了件新鲜事儿，人们奔走相告："听说了吗？"

"听说什么了？"

"北部尉（负责洛阳北部治安的官员）官署挂了些奇奇怪怪的棒子出来。"

"什么叫奇奇怪怪的棒子？"有人问。

"去看啊，去看看不就知道了？"

什么年代都不缺少闲人，什么年代都不缺少爱看热闹的人，真有人到北部尉官署去围观。只见新修缮过的官署门前果然挂了十余条棒子，分别涂着红、黄、绿、白、黑五种颜色，十分打眼。

吏卒们守着这些五颜六色的棒子，面无表情，肃然而立。

就有胆大的凑上去问："是新来了县尉么？"

一名小吏奇怪反问："你怎么知道？"

闲人笑而不语。但凡官做得老了，日子不过按部就班，得过且过，绝对没有心力去翻修官署，搞新花样。要是有了大的变动，多半是换了主人。新官上任三把火。于是笑笑又问："这新来的老爷，是个什么人？"

说到这新来的县尉，小吏就有些犯愁——该怎么和人说呢。按他从前的阅历，县尉应该是个儒雅长者，仪表威严，举止优雅，行事圆缓而合乎礼节。可是这位新来的官员……长者？不不不，他敢打赌，这小子绝对没有超过二十岁，颌下都没养出须来；仪表威严？更说不上了，他个子不高，虽然不至于歪鼻子斜眼，要说威严，却还差得远。更别说举止优雅、行事圆缓了，这上来就漆了五色棒的举动，怎么看都不合乎礼节。

于是小吏就只含糊应道："……是个年轻人。"

闲人"哦"了一声："自然是个年轻人。"又压低了声音问："那这些……"他指着五色棒，"要做什么用？"

小吏瞟了一眼这些颜色鲜艳的棒子："新来的县尉说了，凡有犯禁者，严惩不贷！"

"严、严……"

"就是谁犯了律法，就用这些棒子打！"小吏通俗易懂地解释了上官的话。

闲人恍然大悟，点点头，又摇摇头，慢慢踱着步，走开了。谁犯了律法，就用棒子打？闲人忍不住冷笑，真有贵戚、豪强犯了法，他敢用这

洛阳古城

棒子打？这新来的北部尉真是个愣头青，不知道天高地厚。

这时候是东汉末年，当时的洛阳治安很差，偷盗、抢劫、斗殴常常发生，豪强们更不把律法放在眼里。五色棒一挂就是几个月，期间当然有人犯过律法。北部尉的吏卒们居然毫不含糊，不管罪名轻重，举起五色棒，就把犯禁者当场打死。渐渐地，洛阳的治安好了起来。

说起这个年轻的洛阳北部尉，就有人称赞他执法森严，手段严酷。但是马上也有人反驳，那是没碰上贵人。

大汉的官员大多如此，对下，也许能摆出公正严明的样子；对上，无非仰其鼻息。在洛阳尤其是这样，因为洛阳贵人多。所谓王子犯法，与庶民同罪，其实自古以来，都是句空话。

话传到年轻的洛阳北部尉曹操耳中，曹操只是一笑。

不久，有人夜行，被吏卒当街抓住。汉代的城市没有照明，为了夜间的安全，晚上不准人们出来活动，所以夜行上街是很严重的罪名。按照北部尉曹操的新规定，这个夜行者应该当场乱棍打死。

"你们做什么，你们这是做什么？"那人毫不畏惧，挣扎着，叫嚷着："连我都敢抓，你们知道我是谁吗？"

吏卒们这时就有些慌了，虽然长官有令，但凡有犯禁者，一律棍棒打死，但这是洛阳啊，天子脚下，谁知道会撞上什么人物，要真是……他们也惹不起啊。瞧这人的衣饰、派头，确实是有来头的。

几名小吏便堆下笑脸，恭恭敬敬地问："敢问您老怎么称呼？"那人一振衣袖，冷笑道："你们是北部尉手下么？"

一众人连连称是，那人问："你们的长官是不是姓曹？"

吏卒又称是。

"阿瞒（曹操的乳名）这些年倒是出息了，不知道还认不认我这个叔父。"那人笑呵呵地说。

都称上叔父了，吏卒中的头目就去找曹操。曹操来了，看了看这人，只说了一个字："打！"

吏卒们便翻了脸，操起五色棒，就要动手。这人有点慌了，就又叫道："阿瞒，曹操，你不认识我蹇图了？你总该认得我的侄儿蹇硕！……我侄儿是蹇硕，我侄儿是小黄门蹇硕啊！"

吏卒们听到"小黄门"三个字，手下就有些软了。

东汉末年，汉桓帝、汉灵帝宠信宦官，给他们很大的权力。宦官翻云覆雨，顷刻之间能令人妻离子散、家破人亡，士人、豪强都害怕他们。小黄门是服侍在皇帝身边的宦官，皇帝最亲近的人之一。这五色棒下的人竟然是小黄门的叔父，吏卒们怎能不心惊？

吏卒们纷纷向曹操望去，心想，长官来洛阳也有些时候了，该知道蹇硕是谁吧。

曹操面如死水。

吏卒们战战兢兢，小头目问长官："怎……怎么打？"

"杖毙！"曹操冷冷地说。

那小吏原想劝说几句，提醒一下这么做的风险。但是看着这个年轻的北部尉眉宇间的杀气，就收住了舌头。他想，左右都是长官担着，我们不过依令行事，日后蹇硕找上门，怕也找不到我们的头上。

于是果然杖责起来。几十棒打下去，威风凛凛的蹇图先是叫骂，后是求饶，终于渐渐没了声息。

曹操就一直端坐在那里看，一言不发。

这一年，北部尉曹操刚满二十岁。尴尬的是，曹操虽然打死了蹇图，打压宦官，但他的出身却和宦官脱不开关系。曹操的父亲曹嵩是大宦官曹腾的养子。顺帝、桓帝时，曹腾历任小黄门、中常侍，一直做到大长秋，权势熏天。依靠养父的帮助，曹嵩的官越做越大。年轻的曹操被举荐为孝廉，历任郎官，得到洛阳北部尉的职务，凭借的也是宦官的势力。不过，这时的曹操已经颇有志向，完全瞧不上跋扈的宦官，他想成为一代名臣，为大汉朝做一番事业。

刚刚上任的北部尉曹操打死了小黄门蹇硕的叔父，这个消息轰动了洛阳城。官员、豪强、百姓，都对这个年轻人刮目相看。自此，豪强敛迹，京都整肃。

曹操执法严峻，自然得罪了不少人。蹇硕之流无时无刻不想抓他的把柄，不久，他们找了个借口，任命曹操为顿丘（今河南清丰西南）县令，将他远远地赶出了洛阳城。

工匠怀大志

叮当、叮当、叮当……

整个工地上都是这种声音，此起彼伏，听得人心浮气躁。炉火烧得通红，地上散落着匠人的工具，要不是有人领路，简直连落脚的地方都找不到。

他怎么会在这种地方？孙宾硕想。孙宾硕这次来陈留（今河南开封陈留镇），为的是探望朋友，却被领到这个杂乱的工地上。

领路的士兵停住了脚步。面前是一个满头大汗的青年，短身材，短胡髭，宽脸庞，正抡着大锤，在锻打一把短刀。青年一锤锤砸下去，火光四溅。

发现来了人，青年抬起头来，目光炯炯。孙宾硕看得清楚，惊喜地叫道："孟德（曹操的字）！"

曹操看到他，也是十分欢喜。他放下大锤，披好衣服，请孙宾硕坐下。工地上没有席子，只能在大石上落座，就连大石上，也落了薄薄的一层灰。

孙宾硕却顾不得这些，急急说道："孟德，听说京中大乱，朝廷下文书拿你，有人说你在中牟县（今河南中牟）被拿，也有说你逃到陈留。这究竟是怎么回事？"

中平六年（189）汉灵帝驾崩，皇子刘辩继位。桓帝、灵帝时积攒的外戚和宦官的矛盾，终于达到了顶点。一方是太后娘家的外亲戚，一方是盘踞深宫的宦官。双方各掌权柄，斗得你死我活。太后的哥哥、大将军何进想彻底消灭宦官，便召令并州刺史董卓进京。

这时的曹操正在洛阳军队里任职。他在洛阳北部尉任上打击权贵，被赶出洛阳之后，几起几落，曾担任朝廷的议郎，又因为讨伐黄巾军有功，被任命为济南相，后来又在军中任典军校尉。经过这些年的历练，曹操已经不是北部尉任上那个莽撞的年轻人了，做事老练稳重，并且具备了敏锐的政治眼光。他劝阻何进，阉宦之流的人物不值得大惊小怪。对付这些人，只要诛杀首恶，剩下的人就如鸟兽散。如果想把他们全部杀尽，反而会走漏风声，坏了大事。何进却觉得，曹操与宦官的关系说不清、道不明，斥责他怀有私心。这话说到了曹操的短处，曹操只好不再出声。

然而事情的走向就像曹操判断的那样，董卓的军队还没看到踪影，宦官已经知道了何进的谋划。他们先下手为强，在皇宫设下伏兵，杀了何进。中军校尉袁绍等为何进报仇，率兵冲进宫内，大杀宦官。外戚和宦官终于两败俱伤，同时倒在汉末的血泊中。

董卓却是个野心家，得到何进的召令，就率领大军进京。他仗着兵多，废掉少帝刘辩，杀了何太后，改立刘协，自己总揽朝政。

董卓进京以后，着力拉拢曹操，许诺给他骁骑校尉的官职。曹操拒绝董卓的拉拢，连夜逃出洛阳。见曹操出逃，董卓勃然大怒，发出文书，要各郡县捉拿。曹操只能避开官道，专走小路，奔向陈留。

一路上有惊无险。这一天，到了中牟县境内。亭长见曹操遮遮掩掩，行迹可疑，又和文书上要捉拿的要犯形貌相近，便用绳子绑了，扭送到县里去。曹操本以为凶多吉少，没想到县令却钦佩曹操是个英雄，没有为难他，反而送给他好马、干粮，把他送出了中牟县。

"孟德怎么会来到陈留，而不回家乡谯县（今安徽亳州）？"听了曹操的讲述，孙宾硕问道。

曹操说："陈留太守张孟卓（陈留太守张邈字孟卓），是我的好友，所以前来投靠。"

孙宾硕哈哈大笑："孟德，说话不虚不实，这是你的老毛病了。来到陈留，难道不是因为陈留离京城更近，人口众多，物资充足吗？"

曹操也拊掌大笑："真是瞒不过你，还是孙郎知道我的心意。"陈留是兖州（今山东西部及河南东部）重镇，汉末著名的大城市，交通便利，人民富庶。当初汉高祖刘邦得天下之前，也曾经滞留陈留招揽人才，广收人心。

"这么说，孟德在陈留，是胸怀大志啊。"

"是，"曹操站了起来，"我拒绝董卓招揽，不肯与他同流合污，自然也不会容他继续横行京师，荼毒天下。我冒着风险，逃出洛阳，就是想要有所作为。"

河南平顶山舞钢市冶铁文化博物馆中的汉代冶铁图

孙宾硕大笑："孟德啊孟德，你不去招揽豪杰，招兵买马，却和这些匠人混在一起，打造兵器，这叫什么作为？"

在东汉末年，人们讲究品第、等级，工匠是社会的最底层，士族、豪杰都不屑与他们为伍。所以孙宾硕不能理解，既然曹操心怀天下，为什么会出现在这种地方，和卑贱的匠人混迹在一起。孙宾硕觉得，要图谋大事，就该联络当地的豪族与豪杰，与他们商讨大事，而不是在这里做打造刀具这样的小事，荒废时光。

但出乎他意料的是，对于他的质问，曹操没有露出惭愧的神色，反而泰然自若地回答他："能做小事，才能做大事，亲手打造兵器，有什么问题呢？"

曹操觉得，在很多时候，就是这些小事——兵器、粮草、马匹，决定大事——战争的成败，如果连这些小事都不能踏踏实实做好，怎么做得了大事？

大事都是由小事构成的，做这些小事，就是为了做大事。

曹操这样说，也这样做。中平六年十二月，曹操在陈留出卖家产，整顿军器，招募起五千人马，然后向天下诸侯发出檄文，号召他们起来讨伐董卓。

讨伐董卓

初平元年（190）正月，天下诸侯会盟，共推渤海太守袁绍为盟主，讨伐董卓。

这些诸侯，是河内太守王匡、冀州牧韩馥、豫州刺史孔伷（zhòu）、兖州刺史刘岱、陈留太守张邈、广陵太守张超、东郡太守桥瑁、山阳太守袁遗、济北相鲍信，以及后将军袁术。

诸侯的行列里没有曹操。

这时的曹操只有五千军马，尚不具备诸侯的地位。袁绍给了他一个"行奋武将军"的头衔。"行"是暂代的意思，只是一个荣誉称号，曹操在这些诸侯面前，实力弱，资历浅，人微言轻，说话没有多大份量。

掌握话语权的是坐拥几万兵甲的刺史、太守们。他们痛骂董卓，义愤填膺。虽然骂得痛快淋漓，可提到进兵，却各怀私心，全都按兵不动。讨伐董卓的大事，无限期地拖了下去。

拖到二月。董卓一把火把洛阳的宫殿烧成白地，胁迫汉献帝和百官迁都长安，自己率领大军，准备和诸侯死拼。

看着洛阳城里的大火，诸侯面面相觑，还是没有出兵的意思。会议依旧开，酒依旧喝，痛骂依然不停，说到作战，大家就从这个话题跳到另一个话题。

曹操坐不住了，在军事会议上质问："诸位还迟疑什么？董卓劫持天子，焚烧宫室，海内震动。只要我们合力西向，一战就可以安定天下！"

诸侯一面打出"匡扶汉室"的旗号，一面想的却是保存自身实力。谁都不愿白白折损自己的兵马，都想把董卓这块硬骨头让给别人去啃。看着这个初出茅庐的年轻人，诸侯个个带着神秘莫测的笑容。

盟主袁绍先表明了态度："董卓势大，得从长计议。"

诸侯纷纷附和："盟主深谋远虑，说得是。"

有人说得很直白："董卓兵力强大，贸然西进，我这点老本就赔进去了。"

曹操很失望，但还是坚持进军的想法："现在士气正盛，正是进击的好时机。董卓缓过神来，依靠天子的名义，占据长安、洛阳的地利，转身进攻我们，我们就被动了！"

诸侯纷纷摇头："孟德，你想得太简单！"

曹操连连冷笑。这时的曹操已经过了而立之年，不再是热血少年，不过他还是做了一个十分冲动的决定："诸君不肯去，我愿意自己去！"

诸侯们纷纷阻拦："冒险啊，孟德。"

"不要毛躁。"

"坐下来想个万全的办法……"

这些虚假的好意，自然拦不住曹操。曹操整顿好自己的五千军马，离开同盟军大本营，全力向西进发。

军马呼啸着往西，一直开到荥阳，遇到了董卓的大将徐荣。西凉军马上摆开阵势，准备把这支孤军一举扑灭。

双方的实力相差悬殊。这时候的曹操初出茅庐，没有战场经验。徐荣早就是西凉军的名将，身经百战，经验丰富。曹操带的人马都是新兵，只是一群训练时间不长、没上过战场的农夫。徐荣率领的西凉军却都是老兵，兵强马壮。刚一交手，曹操就陷入了苦战。

这支孤军和他们的主将一起，凭借忠勇和血气，和敌人激战了一整天。

经过艰苦的厮杀，曹操还是败退下来，五千兵马几乎全军覆没，曹操也被流矢击中，带着伤逃跑。徐荣在后面紧紧追赶。曹操的坐骑中箭倒地。战马发出痛苦的嘶鸣，把曹操掀翻在地。

这是曹操一生中最狼狈的时刻之一。曹操躺在地上，闭目等死。幸好堂弟曹洪赶了上来，把自己的马让给他。曹操坚决拒绝，打算为国家捐躯，就这样战死疆场。曹洪却说："天下可以没有我曹洪，却不能没有你！"这句话让曹操重拾信心，他骑上马，一路奔逃。

靠着几个堂兄弟死命保护，曹操总算跑出了包围圈。徐荣虽然获

河南荥阳虎牢关。东汉末年，诸侯联军和董卓的西凉军就在这里对峙。

胜，却也胆战心惊。

初出茅庐就吃了大败仗，曹操半是气馁，半是不甘。他回到家乡，动员亲友，然后又去扬州，在短时间内招募了四千余人。曹操带着这队人马，准备再次回到战场上。

这批匆忙招募的兵士多半是乌合之众。这天夜里，有人在营寨里放火，四千兵士纷纷逃跑。曹操清点剩下的人马，只剩下五百多人。曹操只好就地募兵，总算又凑集到千余人。

曹操就带着这支不成规模的军队，回到诸侯大军驻扎的大本营——酸枣（今河南延津东南）。

这时候的酸枣已经不是曹操离开时的光景。诸侯们依然按兵不动，议论的话题却早已不是进兵，而是另立天子。袁绍和韩馥提议，既然小皇帝已经被董卓裹挟到长安，不如另立皇帝对抗董卓。袁绍甚至提出了皇帝的人选，幽州牧刘虞皇室血统纯正，并且有贤德的名声，不如就拥立他来做皇帝。诸侯有的表示赞同，有的则怀疑袁绍藏着私心，于是开始了一轮轮的争吵。进兵讨伐董卓的事，再也没有人提起了。

袁绍和曹操是好友，见曹操回来，马上拉拢曹操："孟德，你可得站在我这边！"

诸侯也纷纷要求曹操表态。

曹操很鄙视这出闹剧，苦笑了一下："诸君去北面吧，我的皇帝在西边。"

拥立新君的事始终争不出结果，诸侯之间的分歧越来越大，有人就想带兵离开。眼看同盟军有解散的危险，曹操赶紧来找老友袁绍，想请他收拢人心，安抚诸侯。不料袁绍绝口不谈眼前的事，反而暗示曹操，希望他能支持自己的事业。曹操看出袁绍野心勃勃，越来越对袁绍厌恶起来。这对一起长大的好朋友，这个时候还没有公然翻脸，但是渐渐有了裂痕。

初平二年（191）二月，袁绍和韩馥决定拥立刘虞为帝。不料刘虞却有自知之明，坚决不答应。袁绍觉得颇为扫兴，率军回自己的领地去了。

曹操拼着一腔热血，本来想消灭董卓，救回天子，成为拯救汉室的功臣。没想到事与愿违，自己碰得头破血流，成为大汉名臣的愿望成了泡影，而自己也成为乱世中的一叶浮萍，不知道会漂到什么地方。

这时的曹操，忠义、坚贞，并且展现出军事上的远见。虽然刚刚登上政治舞台，却已经显示出不一样的抱负。他踌躇满志，准备在这汉末天下，做一番大事业。

大破黄巾军

天下诸侯讨伐董卓的大戏，轰轰烈烈地开局，无声无息地结束。各镇诸侯畏惧董卓，担心损耗实力，他们在函谷关前观望、徘徊，等粮草用尽之后，就各自散去了。

衰弱的汉王朝完全失去了控制力和号召力。诸侯们见天下无主，纷纷争夺地盘、钱粮。天下开始大乱。

先是兖州刺史刘岱攻击东郡太守桥瑁，桥瑁战死。袁术在南阳割据，横征暴敛，民不聊生。接着袁绍胁迫韩馥，占领了冀州，又与弟弟袁术互相拆台。袁绍派兵偷袭袁术附庸孙坚的豫州，袁术派公孙瓒堂弟公孙越迎敌。公孙越被流矢射死，公孙瓒因此和袁绍成了势不两立的死对头。袁术乘机与公孙瓒联手，共击袁绍及其同盟刘表。距离讨伐董卓不到一年，诸侯们自己打成了一锅粥。

曹操见局势已经不可收拾，也只得从讨伐董卓的行列中退出。曹操的好友济北相鲍信说："袁绍身为诸侯公推的盟主，却利用职权，专谋私利，以后肯定会变成第二个董卓，我们现在没有力量抑制他，不如先去黄河以南发展。"曹操非常同意他的意见。可这时候的黄河以南，却是黄巾军的天下。

黄巾起义发生于汉灵帝中平元年（184）。东汉末年，政治腐败，皇帝公然卖官鬻爵，宦官与外戚争权夺利，侵害百姓，加上天灾频繁，很多地方颗粒无收，赋税却丝毫不减，走投无路的人们在巨鹿人张角的号召下揭竿而起。他们头扎黄巾，喊出"苍天已死，黄天当立，岁在甲子，天下大吉"的口号，人数多达数十万。一月之内，黄巾军攻城略地，汉朝州郡连连失守，京师震动。

汉灵帝调遣卢植、皇甫嵩、朱儁（jùn）等将领，调发全国精兵，分头镇压黄巾军。曹操也被任命为骑都尉，率领一支军队，加入到了镇压黄巾军的行列。中平元年五月，曹操与皇甫嵩、朱儁合兵于长社（今河南长葛东），火烧黄巾军，斩杀黄巾军数万人。这是曹操第一次与黄巾军交手，显示了自己的军事才能。因为这个战役的功劳，曹操被授予济南相的职位。后来黄巾起义被镇压下去，但黄巾起义的余烬并没有完全熄灭，留下了很多股残余势力。趁着董卓之乱，诸侯之争，黄巾军余部再度起事，黄河南岸的大片土地上又燃起了战火。

初平二年（191）七月，黑山（今河南浚县东北）黄巾军于毒、白绕、眭固等率领十万黄巾军攻打东郡（今河南濮阳西南）。东郡太守王肱束手无策，此时曹操正欲南下，于是领兵入东郡，大破白绕的黄巾军。袁

河北邢台黄巾军寨遗址。据说东汉末年，巨鹿人张角就是在这里发动了黄巾起义。

绍这时候还想拉拢曹操，因此向朝廷举荐曹操为东郡太守，改治所为东武阳（今山东莘县南）。曹操在东武阳招兵买马，训练士卒，势力渐渐壮大起来。

第二年春天，曹操正屯军顿丘，忽然斥候来报："不好了，于毒领军杀奔东武阳去了！"这个消息让全军上下都慌了神。

曹操麾下的这些将领、兵士，大多是在东郡本地新近招募的，听说后方起火，于毒率领黄巾军杀奔老家去了，哪里还镇定得下来？

将领们议论纷纷，都向曹操建言说："主公，赶紧回军吧！现在不回去，等到城破，我们可就回不去了！"

于毒的黄巾军军纪很差，不仅攻城略地，还杀人放火，他们经过的地方，往往会变成一片瓦砾。曹操这次出征，带出了大部分精兵，留在后方的，不过一些老弱，不大可能守得住东武阳。曹军士兵们的父母、妻儿都在东武阳，想着自己的家园要被黄巾军摧毁，无不惊恐不安。

曹操也十分忧虑。他是个非常认真的人，在每个岗位上都尽职尽责，无论是担任洛阳北部尉、顿丘令，还是后来做骑都尉、济南相，都不曾失职。身为东郡太守，却丢了东武阳，这是无论如何也说不过去的。何况乱世已起，自己正想以东郡为根据地，在这里有所发展，图谋将来，如果东武阳丢了，可就连立锥之地都没有了。

曹操努力镇定下来，忽然有了主意，指着地图说："我们往这里去！"

"这里？"谋士与将领们看着曹操所指的地方，不由大吃一惊。曹操指的并非东武阳，而是西边的黑山一带，那里正是于毒盘踞的营寨。

将领们领会不了曹操的意图："难道，我们不要东武阳了吗？"

"是啊，如果东武阳有个万一，就算我们打下于毒的老巢，也还是得不偿失。"有人说道。

曹操的眼睛眯了一下，有点懊悔自己太早说出这个决定。要是这时候军心乱了，几千大军就可能一哄而散。于是马上刹住话头，转而问道："诸位想救东武阳吗？"

"想！"将领们齐声应道："当然想！"

"诸位想想，现在回去，就一定救得了东武阳？"曹操再问。

"现在回兵，虽不一定能救东武阳，但还是有一线希望。如果不回去，就只能眼睁睁瞧着东武阳城破了。"有人声音颤抖，居然哽咽起来。

"如果我们现在回兵，"曹操一字一顿地说道，"调头后转急行军，等我们赶到东武阳，必然精疲力竭。诸位，我们有把握打得过养精蓄锐、以逸待劳的黄巾军吗？"

曹操扫视一眼大家："恐怕不但救不了东武阳，我们这些人也会全军覆没。"

气氛顿时凝重起来，曹操说的确实是事实。可大敌当前，城破在即，不回去血战一场，还能有什么好办法？

曹操再一次把目光投向地图，向将领们解释自己的战略意图："我们现在迅速往西，向于毒的老巢疾进。同时沿途放出风声，让于毒听到营寨有危险的消息。我料定于毒肯定会迅速回军来救。如果他们赶回来营救，那么东武阳的危机也就解除了。"

曹操停一停，又说道："这样一来，我们就反客为主。他们是劳师来救，疲惫不堪，而我军以逸待劳，从容应敌，肯定能打一个大胜仗。"

曹操用的是三十六计中"围魏救赵"的办法。战国时，魏国围困赵国首都邯郸，赵国向齐国求救。齐国派田忌、孙膑领兵救赵。齐军不去救邯郸，而是挥师急进，攻打魏国。魏军恐怕国都有失，赶紧回军。齐军在魏军回军的路上以逸待劳，大破魏军。邯郸之困也随之自解。这是历史上有名的战例。

经过曹操的解释，将领们再也没有异议，上下同心，挥师西进。

于毒听到曹军西进入山的消息，果然大为惊恐，放弃攻打东武阳，急急回师营救。曹操在于毒回师的路上设下伏兵，把于毒打得大败，一举清除了这个威胁。接着，曹操又连打几个胜仗，拿下了东武阳附近的几个战略要地。东郡终于转危为安。

东郡有曹操力保，安然无恙，但是东郡之外的兖州就没这么好的运气了。黄巾军进攻兖州，兖州刺史刘岱出城作战，死于乱军之中。兖州群龙无首，曹操手下的谋士陈宫来到兖州，劝说兖州官员迎曹操为兖州刺史，以保护兖州，抵抗黄巾军。

曹操于是得到了兖州。

冤杀粮官

初平四年（193）春，曹操进攻袁术。袁术一路奔逃，逃至九江（郡治在今安徽寿县），集兵于淮北。双方处于胶着状态。

入夜了，军营里还没有消停下来，外间鼓噪声一浪高过一浪。这是要哗变的先兆，曹操焦躁地在帐里踱步，一盏灯忽明忽暗。

将士闹事，是因为缺粮。谁都不能空着肚子打仗，何况打的还是恶仗。但是缺粮的困扰，也不是一天两天了，连年战乱，耕地荒置，粮食本来就短缺。还是要有地，有地才有民，有民才能养军。

"主公，人带来了。"大将典韦在帐外禀报。

"让他进来。"曹操说。

进来的是粮官王垕（hòu）。这几天，曹操已经见这个瘦小的中年人两次了。几天前，王垕向他求助："主公，不好了，粮草将尽，怎么办？"

连日来胜仗的喜悦被这一句话浇了个干干净净。怎么办？撤军？没有粮草，贸然撤军有多危险，谁能保证袁术不会衔尾追击，转败为胜。不撤，支撑大军继续打仗的粮草从哪里来？真是骑虎难下。可怕的是，一旦让将士们知道粮草不继，军心就会乱，军心一乱，士兵们是一哄而散，还是有别的变故，都难以预料。

曹操是经历过军中哗变的。

所以缺粮还在其次，首先要稳住军心，让将士相信，军中不缺粮。只要他们相信，便还能拖延几日，到打败了袁术，一切就好办了。但是军粮将尽，怎样才能让他们不起疑心呢？曹操心里有了主意，只是话到嘴边，忽然又犹豫了。

人无信不立。身为一军主帅，一旦将士对他的信用起了疑心，兵就没法带了。不能说这个话，曹操想，他目光炯炯地盯住粮官王垕："你说怎么办？"

粮官在军中，是个很安全的职位，冲锋陷阵轮不到他，出谋划策也轮不到他，他的职责就是保管粮草，分派粮草。这个职位很安全，因其安全，也就没有太多立功的机会，只要按部就班把粮食分派到将士手里，就算是完成了任务。连被上峰接见的机会都不太多，更何况是被曹操接见，还折节下问。

王垕心里有些激动：立功的时候到了。乱世之时，谁不想建功立业，难道就甘心做一辈子粮官？

王垕于是献策说："可用小斗放粮。"

斗，是古代用来盛装粮食的器具，也是容量单位，一斗米大约是现在12.5斤，小斗，是容量小于标准的斗，大约是10斤左右。大斗换小斗，像是节省不了多少吃食，但是积少成多，整个军中需粮总量就下降了两成。

古代的斗

曹操拊掌说："好。"

他不是不知道这个计策并不好，纸包不住火，粮食分派下去几斗可以骗过人的眼睛，可骗不过人的肚子。只是事情逼到这个地步，不得不这样。

最好是在事情被将士们发现之前打败袁术。

但是过不得几天，战事还没有进展，就先出事了。将士们先是私下里纷纷地说："口粮少了。"

"你也没吃上么？"有人应和，"我就去迟了一步，锅就见底了！干净得像狗舔过！"

"我也是！我还当这几天仗打得多，大伙儿饭量比平常大呢。"一个兵摸摸肚子，肚子"咕噜"响了一声，"我见过粮官派粮，还是那么多，没见少啊。"

"确实是少了。"有机警者率先反应过来，"莫不是用了小斗？"

"莫不是军中缺粮了？"

一句话，让大伙儿都慌神了，饿着肚子打仗就是死路一条，当下里一传十，十传百，将士们气势汹汹找过来，要上面给个解释：如果缺粮了，须得早些知会一声，大家也好各自逃命去。

粮官王垕再次站到了曹操的军帐里，眉目间都是慌色："怎么办？"

这是早就料到会出现的局面，曹操心里并不慌张，只是说："要解决这件事，不难。你且过来。"

王垕依言走近："主公？"

"我要问你借一样东西。"曹操说。

"什……什么东西？"

曹操注视他的眼睛："借你头颅一用！"

王垕哪里料到这个，当时面如土色，双膝一软，跪地叫屈道："我……我犯什么罪了？"

他忽然醒悟过来，叫喊道："我是奉命……我、我没有罪啊！"

"你没有罪，"曹操的影子在灯下，阴沉沉地说，"我知道你没有罪，但是不杀你，难以服众，军中定然哗变。你死后，你的妻子儿女我会替你抚养，你不必再有牵挂，放心去吧——来人！"

刀斧手早守在门外，曹操最后两个字出口，他们就不容王垕再说话，把他拖了出去。

不过片刻，王垕的头颅就悬挂在高竿上。高竿下面贴着告示："仓官王垕盗窃官粮，用小斗放粮，按律斩！"

帐外聚众闹事的将士们你看看我，我看看你，虽然有人心里仍有疑虑，但是大部分人都信了，他们纷纷说："原来是这样啊。"

"我就说嘛……"

也有性格刚烈的，过去吐一口唾沫，啐道："挨千刀的，大伙儿在前面拼命，就这么点口粮，你还克扣！"

人们渐渐散去了。

夜已经很深了，曹操拾起案头的书。书的字迹被灯影晕染开来，就像是浸在血里面。他看了许久才看清楚书上的字，这是一本《春秋》。

这是孔子修订的著名史书。因为在每句话里都暗含着作者的态度，表达着爱憎、褒贬，所以《春秋》的写法被称为"春秋笔法"。想想白天的事情，看着这本史书，曹操不禁怔怔地想："后来的人在书里，会怎样评论我呢？"

为父报仇

初平四年六月，下了整整二十天的雨。雨声哗哗，在窗外砌出千道万道透明的墙。曹操有些坐立不安，同妻子丁夫人说："这么大的雨，半月了都不见停，怕是一路都不好走。"想一想，又补充说："他的东西还多。"

丁夫人看了他一眼，抿嘴笑了起来。她知道丈夫是在牵挂从琅邪（今山东胶南境）来兖州的父亲曹嵩。曹嵩在太尉任上被免职后，便回到故乡谯县。曹操起兵以后，曹嵩怕受到连累，就带着幼子曹德到琅邪避祸。

一年前，袁绍与袁术开战。袁术向幽州公孙瓒、徐州陶谦求援，袁绍则和曹操联合，双方厮杀。结果袁术、公孙瓒、陶谦被打得大败。曹操和陶谦就此结下了仇怨。

战事结束，曹操知道，不能再让父亲和弟弟久居琅邪了，于是派人去请。曹嵩也终于下定决心，回应长子的好意，答应迁居兖州。曹嵩年事已高，舟车劳顿，又逢大雨，不由曹操不挂心。

丁夫人听见丈夫叹息，停下机杼，一本正经说道："始大人常以臣无赖，不能治产业，不如仲力，今某之业所就孰与仲多？——如今使君倒可以拿了这话问问父亲。"丁夫人说的是汉高祖刘邦的典故。刘邦少时无赖，常常被父亲责备，多年之后，刘邦成就帝业，与父亲说：

"大人您从前常说我没出息，不能治产业，不如二哥有本事，如今您看，我与二哥，谁的产业多？"

曹操闻言失笑，道："都怪我幼时淘气——"

他幼时淘气的事儿多了去了，每每被叔父抓到，到父亲面前告状，挨的打实在不少。为了不挨打，他就想了个法子，在叔父经过的路上做出一副口歪眼斜的古怪样子，叔父见了大惊，问："阿瞒，你怎么了？"

曹操战栗道："我，我中风了。"

叔父见侄儿中风，哪里敢拖延，赶紧去告诉哥哥。曹嵩听说，急忙赶过来，却见曹操口貌如常，行动也如常。一时奇怪道："你叔叔说你中风了，怎么我看着，像是没事——难道他看差了？"

"本来就没事！"曹操回答道，"想是叔叔不喜欢我，所以才在父亲面前胡说吧。"

父亲从此不再相信叔父的告状了。曹操于是也得以飞鹰走狗，放荡许多年。虽然知道不该游冶荒废，但是如今回想起来，总还是愉悦。父亲看到当年那个不成器的小子，如今也人模人样，号令一方，大约会唏嘘不已吧。曹操半是得意，半是忐忑地想。

正当曹操沉浸在亲人团聚的期待中，不料，曹嵩的车队抵达泰山郡的华县与费县之间时，却遇到了意外。那天雨越下越大，淹没了良田、道路。徐州刺史陶谦早已派出骑兵，尾随着曹嵩的车队，在大雨里杀了上来。士兵们一拥而上，向着车队乱砍，曹嵩与曹德一起遇害。曹操派出的泰山郡太守应劭接应来迟，恐怕曹操怪罪，弃官而逃，去投靠了袁绍。

期待变成了噩耗，曹操放声恸哭，他点起兖州的大部分军马，准备起兵复仇。杀父之仇,不共戴天,曹操像一只暴怒的野兽。

　　这是曹操军事生涯中的几次冒险之一。和陶谦比较,曹操在实力上并不占优势。他刚刚得到兖州,当地人心未附,根基并不稳固。陶谦经营徐州多年,辖区人口百万,这些年又远避战乱,没有遭到过战争的破坏,兵强马壮,粮草充足。打黄巾,打袁术,曹操胸有成竹。打陶谦的老巢,他心中实在没底。

　　冷静地想一想,曹操意识到自己这一去可能回不来了,将会战死沙场。然而箭在弦上,不得不发,这一仗是非打不可,不然无法给自己一个交代。思索良久,曹操对丁夫人说:"这一仗凶多吉少,如果我回不来,你就去陈留,投靠我的好友张邈。"

　　他想一想,再没什么可说的了,就穿上铠甲,出了门。

　　初平四年秋,曹操起兵攻打徐州。兵法上讲"哀兵必胜",悲愤的曹军在主将感召下,勇猛顽强,连下陶谦十余座城池。接着,双方在

贵州贵阳市博物馆藏东汉铜车马。东汉官员出行,乘坐的就是类似这个样子的马车。

彭城（今江苏徐州市）决战。陶谦败走，退守郯城。曹操久攻不克，引军而还。途中攻城略地，疯狂屠城，尸体堆积，以致"泗水为之不流"。这时候已经是兴平元年（194）春，这一仗足足打了半年有余。

曹操愤恨未消，当年夏天，他让谋士荀彧、程昱留守鄄城，自己率领大军，第二次征讨陶谦。曹军势如破竹，一直打到琅邪、东海，所过城镇皆被破坏，残破不堪。曹操还不解气，用陶谦部属血祭亡父。

曹操攻徐州，大肆杀戮，成为他政治、军事生涯中被人诟病的污点之一。多年之后，三国成为历史，一统天下的晋也只剩了半壁江山，有个叫孙盛的人这样评价曹操的二征陶谦，他说："夫伐罪吊民，古之令轨；罪谦之由，而残其属部，过矣。"意思是说，讨伐有罪的人，拯救百姓是对的；但是因为陶谦的罪过，惩罚他的部属，就过分了。

拒绝袁绍

　　兴平元年十月，曹操屯兵东阿县。这时候，他正看着地图出神，形势对他很不利。

　　这年四月的时候，他在徐州的战场上连连取胜，那是他第二次起兵征伐徐州，已经打下琅邪和东海，在郯县以东击败刘备，徐州牧陶谦惊恐之余，正准备逃回老家丹阳。出人意料的是，曹操留在兖州的谋士陈宫和陈留太守张邈却打开兖州城门，把兖州送给了温侯吕布，给了陶谦翻身的机会。这是曹操自陈留起兵以来听到的最可怕的消息，初夏天气，阳光正好，他却惊出了一身冷汗。

　　吕布，字奉先，五原郡九原县人，出身寒微，因为武勇得到并州刺史丁原的赏识。丁原任命他为主簿，待他十分优厚。灵帝驾崩，丁原被大将军何进召到洛阳，图谋诛杀宦官，事情没有成功。何进死后，董卓进京，诱使吕布杀死了丁原。

　　董卓以吕布为骑都尉，与他情同父子，但是不久之后，吕布又听从司徒王允的号令，杀死了董卓，被封为温侯。之后天下大乱，诸侯并起，吕布凭着自身勇武，也成为一方诸侯。

　　兖州惊变，把沉浸在为父报仇的执着中的曹操惊得猛醒了过来：不能再打了。一旦让徐州人听到兖州有变的消息，必然会死守、死战，到时候徐州不到手，兖州又丢了，他这几万大军，可就真的无家可归了。

曹操果断下令："回军！"

归心似箭，日夜兼程，赶到兖州，才知道兖州五郡十八县，只剩下鄄城、东阿、范县三县在手，要不是他的谋士荀彧、程昱尽心尽力，怕是这三县，也都保不住。曹操握住荀彧、程昱的手，感激不尽。

既然回来了，首要任务当然是收复失地，但是接连不顺。先是夜袭吕布驻扎在濮阳以西的兵马，成功得手，要撤退的时候，吕布忽然赶到，两军激战一日一夜，双方都熬到人困马乏。要不是军中司马典韦异军突起，曹操恐怕连全身而退都做不到。

之后再出兵打濮阳，战胜不得。接下来是对峙，足足对峙了一百多天，期间发生蝗灾，百姓大饥，无法再支撑双方的战争。九月，双方粮草吃尽，各自引退。战况胶着，这半年下来，毫无进展。

当初曹操从徐州狂奔回兖州，看到还有三县完好，大大松了口气，以为凭借这三县，很快就能够东山再起，却不料吕布这样棘手。以三县弹丸之地，养几万大军，原本就吃力，再不打上几个胜仗，恐怕将士们都会失去信心。

就在曹操为怎样才能突破眼前局面发愁的时候，忽然下人来报："冀州牧袁绍派人求见。"

这个消息让曹操眼前一亮，连声道："快，快请进来！"

冀州牧袁绍是他的盟友，利益一致。往深里说，他们还有年少时候的情分。之前袁绍与袁术开战，他有助战；曹操之前的东郡太守，也是袁绍向朝廷表荐的。现在他落难，袁绍及时派人来见，也许是有意帮忙，曹操乐观地想。

使者进府，双方见过礼，寒暄过，使者说："听说兖州出了事，我家主公心里十分牵挂，只恨邺城（袁绍的大本营，在今河北临漳、河南安阳一带）事多，不能亲自来见将军，所以派我来问问将军，有没有什么是我们能帮得上忙的？"

有，当然有，他什么都缺，缺兵器，缺粮草，如果袁绍能够派兵前来，与他合力夹击吕布，那是再好不过。曹操侃侃而谈，一口气说了半个时辰——能够击败吕布，收复兖州，不仅对他有利，对袁绍也是有利的。

"将军的意思我明白了，只是事关重大，我不能做主，还须回到邺城禀报主公，待主公决断。"

"那是当然。"一想到问题可能得到解决，曹操喜不自禁。

"还有一件事——"

"还有什么？"

"在我出发之前，主公扯住我的马头，十分担忧地说，将军手里就只剩了三个县，吕布骑兵又强悍，恐怕将军妻小会受到惊吓。邺城虽

内蒙古巴彦淖尔市五原县的吕布雕像

然地方狭窄，物资也不丰富，却还算安定。主公问将军，是不是把家眷送到邺城去，也好了断后顾之忧。"

曹操怔了怔，说："容我想想。"

使者笑容满面地退了下去，在他看来，曹操根本没有选择。

送家眷……袁绍这是问他要人质。曹操心里清楚得很。袁绍经营河北，已经有几年，地方稳固，邺城当然比他如今朝不保夕的几个县来得安稳。他们是通家之好，袁绍也不会亏待他的妻子和儿女。

但那也还是人质。要有他的家眷在手，袁绍才肯帮他摆脱眼前困境。他的父亲和弟弟都死了，除了身边这几个人，他再没有别的亲人。

袁绍知道他们的重要性。人质是自古就有的事，历史上最有名的人质，莫过于秦始皇的父亲。战国时期，秦始皇的父亲子楚在赵国做人质，被赵国大商人吕不韦看中，认为是一宗"奇货"。身为人质，也不过就是个"货"，可以囤积，可以买卖。曹操的妻子和儿女落在袁绍手里，其实也就是个"货"，可以讨价还价，到价值用尽，杀掉也不可惜。

但如果不接受条件，袁绍就不会伸出援手。曹操手里只有三个县，要同时面对徐州和兖州的压力，一着不慎，万劫不复。到时候，别说妻子儿女，就是他自己，也都保不住。

一向果断的曹操这回是真的犹豫了，要不要送人质呢？

"不送。"程昱说。

曹操犹疑地看着他。

"将军认为自己能够做袁绍的下属么？"程昱这样问他，"袁绍有吞并天下的野心，却没有与之相匹配的才智。将军有龙虎一般的威势,可以去步韩信、彭越的后尘吗?"

淮阴侯韩信和梁王彭越都是西汉开国时候的名将,特别是韩信,为汉高祖东征西讨,功高盖世,最后却死于吕后之手;彭越却是被门客告发,说他阴谋作乱,结果既丢了爵位,还被灭族。

可是不送人质,如何度过眼前难关?

程昱何尝不知道曹操的顾虑,继续劝谏说:"现在兖州虽然残破,还有三个县在手,能打仗的将士,不下万人。以将军神武,又有我、文若(荀彧的字)辅佐,齐心协力,终究可以成就霸业。希望将军能慎重考虑。"

他说得对,曹操想,是我想得浅了。

送妻子儿女去邺城,虽然能换来一时援助,却等于是把自己的性命交到了袁绍手里。除非他能狠心置妻儿于不顾,否则将一直受制于人。袁绍会驱使他为其征战,但是如果他功劳太大,以袁绍的心胸,绝容不下他。

以韩信之能、彭越之勇,在高祖手下,也不过那样一个下场,难道他能有比他们更好的运气?

河北邯郸临漳县邺城博物馆。邺城是三国时期的名城,后来成为曹魏的都城。

再想深一点，他把妻子儿女送去邺城，有的人知道是人质，但是在他的士兵眼里，也许会以为他是将妻儿先行送走，以保证妻儿的安全。那意味着，他没有必胜的信心，那么，士兵们为什么还要为他拼命？

甚至在这三县百姓的眼里也是如此——如果他随时可能弃城而逃，他们为什么还要支持他？

人总会站在战胜者的那一边。只有他的妻儿在此，才能令这三县的人，相信他不会逃，不想逃，他会一直在这里，打败那些背叛他的人。这样，他的将士们才会愿意为他战斗，为脚下的土地战斗，为守护自己的家园战斗。

就如程昱所言，如今他们还有信心，相信他有朝一日，能成就霸业，为什么自己要失去信心，放弃这个可能，把成就霸业的机会让给袁绍呢？眼下不过是一时的挫折，来日方长。

曹操从善如流："仲德（程昱的字）说得对，请仲德为我回绝本初（袁绍的字）好意，我的妻儿，本来就应该和我在一起，同生共死。"

巧施空城计

曹操第二次攻打徐州，却被张邈、陈宫联手出卖，丢了大本营兖州，不得不从徐州紧急回军。此后，战事一直不顺利。到了二年春天，方才缓过一口气。

这年五月，曹操打了一场胜仗，斩了驻巨野的吕布部将薛兰、李封，进而驻军乘氏县。

这时候徐州牧陶谦病死了。听到这个消息，曹操怔怔良久，竟不知该欢欣仇人之死，还是遗憾他没有死在自己手里。曹操又想，陶谦这一死，徐州民心不安，就想先取徐州，再回头拿下兖州。

谋士荀彧却反对他先取徐州。荀彧说："从前汉高祖占有关中，光武帝据有河内，都是尽力巩固立足点，然后进则可以胜敌，退则能够坚守，即便有几次失利，也不会妨碍大局，最终得到天下。如今兖州就是我们的关中、河内。如果您放弃兖州，东向图谋徐州，家里留兵多，则前线可用的兵力就不足；留兵少，必定要百姓守城。如果将军急攻徐州不下，吕布又趁虚来袭，那可怎么办呢？"

曹操权衡利弊，便依照荀彧的谋划，先集中力量巩固兖州。

这正是六月麦熟的时候，曹操发兵进攻陈宫，同时趁机收割麦子。

打仗靠的就是粮草。没有粮草，将士吃不饱肚子，取胜也就无从谈起。所以曹操把能派出去的军队都派出去收割麦子了。望着一眼望不到边的金灿灿的麦穗，曹操掩饰不住内心的焦急，抢到麦子，就是抢回兖州啊。

忽然，负责侦察敌情的斥候来报告："吕布、陈宫领军来战。"

"有多少人马？"曹操眼皮猛地一跳。算上随从、杂役，眼下他能动用的兵力还不到一千人。

斥候回："约有万余兵马。"

曹操半晌说不出话来。用自己薄弱的兵力对阵强大的敌人，无异于飞蛾扑火；想要逃跑，又可能被敌军追上，真是进退两难。曹操大营的气氛骤然紧张起来。

曹操深吸了一口气，忽然瞧见营盘以西的大堤上有一片密林，密林里树木高大，繁密的枝叶挤挤挨挨，一阵风过去，传来一阵阵哗哗的嘈杂声。怔了片刻，曹操忽然有了计策。

他吩咐下去："去，把附近的妇人都找来！"周围的军卒不禁犯疑，难不成妇人能守营、出战？将军不会是吓糊涂了吧，她们连刀枪都拿不起呢。

让他们惊掉下巴的是，曹操竟真的命人发放武器，领妇人们到矮墙上去，守住营盘。这些妇人素日里不过纺线，洗衣，做饭，哪里见识过刀枪？远远瞧见骑兵从远处奔来，扬起遮天蔽日的烟尘，妇人们惶恐起来，推推搡搡，吵吵嚷嚷，军营几乎变成了一个大市集。

吕布与陈宫挥动大军，渐渐逼近曹操的营寨。只见营寨里虚插着旗帜，寨墙上有稀稀落落的人影，躁动声、吵闹声，隐隐约约地传来。

吕布和陈宫惊疑不定，勒住军队不再前进。接着斥候报告，前面站在曹军寨墙上，穿着戎装，拿着兵器的，居然都是些妇人。吕布和陈宫仔细打望，发现那些妇人们举着刀枪，正在向他们挥舞、挑衅。

整个战场笼罩着怪异的气氛。吕布和陈宫从来没见过这种场景，你看着我，我看着你，都拿不定主意。一万大军紧跟在他们后面，听到的是人和马粗重的呼吸声。

远处原野上刮过一阵狂风，西边大堤上的密林忽然呼啸起来，哗哗哗，哗哗哗。混乱的声音，和寨墙上妇女们的吵嚷声混合在一起。

毫无疑问，密林里有曹操的埋伏！吕布和陈宫再不迟疑，调头就走，他们身后的一万大军像退潮的潮水，也跟着退了下去。

看着远去的敌兵，曹操终于松了一口气。不久，外出收麦的将领们气喘吁吁地赶了回来，营寨像铜墙铁壁一样被保护起来。曹操一五一十地介绍了白天的经过，将领们都觉得后怕。有人建议，不如今晚劫吕布的营寨，出一口恶气。又有人建议，不如明天拉开阵势，和吕布真刀真枪打上一仗，拼个高低，为白天的惊恐出一口恶气。曹操却说："大家快去休息，明天吕布、陈宫肯定会再来！"

第二天，吕布和陈宫果然杀了回来。退兵的途中，吕布就开始怀疑，是不是曹操手里真的没兵，用一群妇人来虚张声势？陈宫比吕布醒悟得早，在马上连连叹息，上当了，上当了！

这回吕布和陈宫的进军速度更迅疾，更凌厉。寨墙上的士兵们看到远处尘土滚滚，片刻的工夫，吕布和陈宫的军队已经到了眼前。

曹操的寨墙上还是稀稀落落地站着几百个妇人，挥舞刀枪，挑衅嘲笑。和昨天不同的是，西边堤上也有一些士兵，背靠密林，也在高声叫骂。吕布和陈宫又气又恨，这种故弄玄虚的伎俩，不正说明曹操手上兵少吗？

他们一起挥动大军，扑向大堤。大堤上的曹军明明兵少，却毫不示弱，迎了上来。双方逐渐混战在一起，陈宫、吕布渐渐占了上风。两人正在得意，身后密林里忽然响起了密集的战鼓声，接着呐喊声四起，数不清的曹军从密林深处杀了出来。吕布、陈宫渐渐被包围起来，身边的人马越来越少。

"又上当了！"吕布、陈宫痛心疾首，他们奋力杀开一条血路，冲破包围圈，带着残兵败将落荒而逃。

曹操安安稳稳地收割完了兖州地面上的麦子。接着按照荀彧的计策，稳扎稳打，步步推进，终于收复了兖州。

中国邮政发行的《空城计》邮票。相比曹操的空城计，古典小说《三国演义》中诸葛亮的空城计更为人们熟知。《三国演义》故事中，蜀汉丞相诸葛亮手上兵力不多，巧设空城计，吓跑了魏国大都督司马懿的大军。

文韬武略说曹操

挟天子以令诸侯

建安元年（196）八月，曹操回到了洛阳，纵马走在洛阳的大街上。这时候，距离他逃离洛阳，讨伐董卓，已经过去了七年。

曹操记忆里的洛阳，朱门高檐，宫阙九重，街道上熙熙攘攘都是人，他们一起抬起袖子，能把太阳都遮了去。可今天的洛阳，到处都是断壁残垣，大街上没有行人，处处是茂盛的野草。

曹操这次来洛阳，是来迎奉天子的。

大汉皇帝的命运，这些年完全操纵在别人手上。汉献帝先是被董卓劫持到长安，接着董卓被吕布杀死，他又成为董卓部将李傕（què）、郭汜的傀儡。李傕、郭汜争权夺利，互相攻击，双方大战一场。李傕部将韩暹（xiān）、杨奉趁机摆脱李傕、郭汜，护送汉献帝回到洛阳。到洛阳后，韩暹、杨奉自恃有功，专横跋扈，不把皇帝放在眼里。经过这么多的变乱，汉朝皇室已经没有什么威权，早已名存实亡。

曹操尊奉天子的打算，不自今日始。早在初平三年（192），他刚刚在济北迫降三十万黄巾军，就曾遣使西去长安，向天子表示效忠。但是初平四年父亲与弟弟的命丧徐州，和紧接而来的兖州之乱，打断了他的进程。兴平二年（195）十月，曹操重领兖州牧，这年春天，又大破汝南、颍川的黄巾军，进入许县（今河南许昌东）。于是，曹操召集幕僚，商议入洛迎奉天子事宜。

并不是人人都赞成迎奉天子——如今天子还有什么用呢？如今的天子还能一言九鼎，号令天下？何况天子身边，还围绕有骄兵悍将。就有人说："如今山东（泛指崤山、华山以东）未定，韩暹、杨奉自负有功，恐怕不容易制服。"

荀彧反驳说："昔日晋文公重耳推崇周天子，天下诸侯影从。自天子蒙尘，是将军首倡义军，只是因为局势混乱，方才未能远迎。如今天子东归，而京师残破，奉迎天子，扶持朝廷，正当其时，是顺应天理民心，也能招徕天下英才，韩暹、杨奉之辈，不值得顾虑。但是如果不早做决定，让其他诸侯抢了先，恐怕日后后悔无及。"

其实在此之前，就已经有人打过奉迎天子的主意。听说献帝刚刚返回洛阳，袁绍的谋士沮授就向袁绍建议："将军不如迎天子来邺城。"

有人问："迎奉天子有什么好处呢？"

沮授说："将军累世忠义，如今天子流离失所，宗庙残毁，天下各州郡虽有义兵之名，其实各为其主，而将军兵强马壮，将士用命，如果再将天子接来，挟天子以令诸侯，天下还有谁是您的对手？"

但是颍川人郭图、淳于琼都反对他的这个说法，他们说："汉室没落已久，哪里还有振兴的希望？如今天下大乱，群雄并起，正所谓秦失其鹿，得者为王，如果听从你的意见，把天子接来邺城，一举一动都要上奏天子。听从天子，则有失权柄；不听从天子，则违抗圣命，如何是好？"

沮授只好叹息一声，说了一句和荀彧一模一样的话："如果不早做决定，恐怕为他人抢先。"

袁绍最终没有听从沮授的意见，他不愿意头上还压着一个皇帝，办起事来束手束脚。袁绍相信，别的诸侯，如刘表、刘焉，如他那个不争气的弟弟袁术，以及江东孙策、幽州公孙瓒、西凉马腾、韩遂，无论哪个，都不会做这样的蠢事。如今的汉室天子，不过是一个徒耗钱粮的废人罢了。

如今轮到曹操来考虑这个问题。曹操与袁绍的想法不同，他看到的是尊奉天子的好处。汉室江山四百年，积威之重，非同小可。有天子的意旨，他就可以奉旨讨伐四方，占据大义，师出有名。"大义"这个东西，虽然换不来兵马，换不成武器，也换不了粮草，但是在一定程度上，它能够占据政治制高点，争取到天下人心。

人心，曹操眼下最为缺乏的就是人心。曹操不比袁绍、袁术，四世三公出身，累世清望，门生遍布天下；也不比刘表、刘焉，他们是汉室宗亲，是天子命他们牧守一方，进可以深入朝廷中枢，退不失为一方诸侯。曹操的祖父是天下士人最厌恶的阉宦，他的父亲靠捐输买官，并无作为，家族中也没有出过一个拿得出手的人才，所以他才会遭遇到这样的尴尬，虽然势力一步一步壮大，但是仍少有士人来投奔。求贤若渴，并非虚言，而是他实实在在的处境。他需要天子强大的号召力。

另一方面，汉献帝和身边的大臣们，却也是倾向于曹操的。天下诸侯，袁术称帝，袁绍不肯奉迎；宗室近亲如刘表、刘焉，各有僭越，或私制宫廷雅乐，或车驾器具衣物堪比天子；刘备尚在东奔西跑，未得一地；孙坚、孙策早亡，孙权偏安；马腾、韩遂地处偏远。曹操曾经讨伐董卓，忠心于汉室，目前兵强马壮，占据兖州，正是匡扶社稷的绝好人选。

衰微的汉室朝廷自然不会想到，曹操迎奉皇帝，同样有自己的私心、野心。挟天子以令诸侯，使曹操被指为"汉贼"，许多年之后，人们提起他，会反反复复地问，他到底是奉天子以讨不臣，还是挟天子以令诸侯？

这是建安元年的八月，秋天的阳光依旧照到了宫殿的青砖上，小黄门拉长了调子传令："兖州牧觐见——"

东汉末年的时局，随着曹操一步一步走进杨安殿，拉开新的序幕。

曹操三跪九叩，到天子面前，说："请陛下移驾许县。"

河南许昌三国故城遗址公园。汉献帝迁都许县后，许县被称为许都。魏文帝曹丕时，改许县为许昌，也就是今天的河南许昌市。

陈宫之死

曹操这次出兵攻打吕布，已经持续作战好几个月。

出兵之前，就有人提出疑问："刘表、张绣在我们的后方虎视眈眈，主公劳师远袭，如果后方不稳，怎么办？"当时曹操力排众议，坚持出兵。战事进行得很顺利，这年十月，曹军攻下彭城，继而进攻吕布最后的据点下邳（今江苏睢宁县下邳镇）。吕布几次出城交战，都被打得大败，只好守城不出。

曹军围城日久，将士疲敝。曹操指挥军兵掘开沂水、泗水，水灌城池，彻底掌握了战场主动权。如今曹军将士心里都清楚，下邳城危在旦夕，吕布已经是瓮中之鳖。不过压倒骆驼的最后一根稻草，迟迟没有落下来。吕布、陈宫还在设法坚守、顽抗。

这天傍晚，曹操正在巡视军营，忽然斥候来报："城门开了！"

莫非是要再战一场？吕布的骑兵实力，曹操心里是有数的，当即要点兵应战，忽然又有人来报："降了，降了！"

"哪个降了？"曹操问。

斥候喘着气回答："宋宪宋将军、魏续魏将军，绑了陈宫，带领部属来降！"

又过了一刻，又有士兵来报："吕布退守白门楼！"

"吕布来降！"

曹操问："陈宫人在哪里？"

曹操没有太关心吕布，他心心念念的还是陈宫。

陈宫曾是曹操的老部下。曹操还是东郡太守的时候，陈宫就跟随了他，是他很倚重的谋士。曹操能入主兖州，拿下老大一块地盘，正是因为陈宫前后奔走，说服了兖州的各级官员迎曹军入城。但是谁也没有想到，曹操二次讨伐徐州，陈宫与张邈竟然在后方开门揖盗，把兖州送给了吕布。

那是曹操起兵以来最严重的一次危机。他被迫中止了为父报仇的进程。丢失了大半的地盘，险些没有了立足之地，连妻儿都差点成了袁绍的人质。曹操心里怨恨陈宫，恨不得立刻把陈宫抓来杀了。但是转眼四年过去了。

这四年里，曹操与陈宫数次交手，互有胜负，曹操上过陈宫的当，也屡屡让陈宫中计。吕布与陈宫节节败退的这四年，也是曹操脱胎换骨的四年。这几年里，他听从荀彧的劝告，在拿回兖州之后没有再乘胜追击，扩大地盘，而是苦心经营，巩固根本，又迎天子至许都，挟天子以令诸侯，得到了最重要的政治资本。这时候，再回头看陈宫的背叛，曹操已经可以一笑了之。

因此，今天的曹操不想杀陈宫。他了解陈宫，知道陈宫的才能，希望陈宫再次为自己所用。那些陈年恩怨，他愿意既往不咎。

所以下邳城一破，曹操急急忙忙就赶去见陈宫。

陈宫的模样有些狼狈。见到仇人，格外眼红，陈宫的面孔有些扭曲。现在的陈宫，早已当曹操是仇人，他对曹操不满，是因为曹操在徐州大肆杀戮。陈宫认为曹操多疑、虚伪，不是一位明主。

之前，曹操水灌下邳，吕布情知无法脱身，登上城头对曹操的士兵喊话，说："你们不要逼我太甚，容我一些时间，我自会向明公投诚。"

陈宫在侧，当时就反驳："曹操怎么配称明公！我们降他，怎么可能保全性命？"

如今是真落到他手上了，陈宫自然痛心疾首，同时也抱了必死的决心。

见到被五花大绑的陈宫，曹操半开玩笑地问："公台（陈宫的字），你平生以计智自负，怎么会落到这个地步？"

陈宫并不服气："可恨吕布不用我的计策，才落得这样的下场。如果他肯听我的话，未必至于此！"

曹操听说，先前他攻击彭城，陈宫就曾建议吕布不要贸然出击，而是笼城坚守，时间一久，粮草不足的曹军自会退去。吕布自负勇力，

河南许昌三国文化旅游景点曹丞相府中的曹操雕像

没有听从。后来曹操来攻下邳，陈宫又劝吕布领兵屯于城外，他自守城内，这样无论曹操攻打吕布还是攻打他，都会腹背受敌，只需月余，曹军粮尽，必败无疑。吕布又不听从。这两条计策，让曹操很佩服陈宫的战术眼光。

曹操一心想劝降，想了想，问："公台，如果你不降，我只能杀你，可你家中老母怎么办？"

汉末的残酷战争中，为表示惩罚，战胜的一方往往会杀戮败军之将的妻儿老小。曹操知道陈宫是个孝子，所以以他的母亲相要挟。

陈宫却坦然地看着他："我听说以孝道治理天下的人，不会伤害别人的父母，我老母的性命取决于你，请看着办吧。"

曹操有点恼火，又问："那你的儿女怎么办？"

放过你的老母，处理你的儿女，总不违孝道吧。

陈宫却说："我听说施仁政于天下的人，不会灭绝别人的后代，我的儿女的性命一样取决于你。"

这意思是说，如果你决意以孝道治理天下，施仁政于天下，就不能拿我父母、儿女的性命威胁我。

曹操很想一口回绝了他："你不降，就去九泉之下等着和你的老母、儿女一起团聚吧！"然而终究不能，陈宫说的没有错，以孝道治理天下，施仁政于天下，那是他的抱负。多年前陈宫做他的谋士的时候，就很清楚。

曹操想最后问一句，到底降还是不降。陈宫已经抢先说道："我只求一死，请砍下我的头！"

陈宫竟这样刚烈明决地只求一死，连堂上老母、膝下儿女都不复

45

顾念。曹操还想再找别的理由留住他——这世上，总该还有他留恋的东西吧。但是没等他开口，陈宫转身，径自走出了大门，没有停留，没有回头。

也许在四年前，他背叛曹操的时候，就已经决定不回头。

曹操看着他的影子留在地面上，被阳光拉长，越来越长，越来越薄，终于消失在他的视野里。

曹操的眼泪忽然就流了出来。

他没有问陈宫当初为什么背叛他。曹操想，陈宫必定有他的坚守，志不合所以道不同。然而即便如此，陈宫还是了解他的，相信他会以孝治天下，相信他会施仁政于天下，所以他放心去死，至死，不肯为他所用。

自己会对得起他的这份信任，曹操想。他把陈宫的母亲接来奉养，一直到她过世，又做主遣嫁他的女儿，厚待他的家人，就和当初陈宫在他麾下效力时一样尽心尽力。

刘备反了

官渡是个古渡口，在许都之北，黄河以南。这一年的春天里，袁绍消灭了占据幽燕之地的军阀公孙瓒，解决了后顾之忧，然后对许都的曹操宣战。双方隔着黄河驻扎兵马，大战一触即发。

腊月的黄河上结了冰，骑马可以通过。曹操时常在这里眺望对面，对面旌旗如林，营帐似海。袁绍有精兵十万，马万骑，这两个数字压在曹操心口，沉重得像一块大石。

"报——"有传令兵飞奔而至，滚下马来，呈上战报，曹操打开，只看了一眼："回营！"

主帅营帐里，谋臣和武将到齐，就往曹操手里的战报看去。虽然没有人出声，却都在问同一个意思：又出什么事了？

曹操放下战报，沉声说："左将军刘备反了。"

"什么？"有人吃惊。

也有人不吃惊："早知道这家伙心怀叵测！"

曹操沉默了片刻。其实刘备趁机起兵，并不是太意外的事。

扎营在对岸战场上的袁绍，袁绍的谋士许攸，都是他年少时候的朋友。要说故人，刘备也算得上一个。

刘备这个年轻人，方面大耳，手长过膝，开口便向人自我介绍说："我，中山靖王之后。"中山靖王是西汉景帝的儿子，汉武帝同父异母

47

文韬武略说曹操

的兄长刘胜。东汉末年的人喜欢提家世，但是刘备自报出身，最荣耀的却是三百年前的祖先，可见家世衰落，已经三百年没出过什么杰出人物了。

诸侯都看不起刘备，曹操却对刘备另眼相看。看到刘备，曹操心里竟涌起了说不出的感动。他一眼认定，这人与众不同，是个英雄！于是着意接纳，成为至交好友。

中平五年（188），灵帝召集天下强兵，组建了一支西园军，曹操被任命为西园八校尉之一的典军校尉，奉命回家乡招募兵士。这个时候，刘备曾跟随着他；初平元年，刘备带领少量兵力，也参与了诸侯会盟，一起讨伐董卓。后来，刘备北上投奔旧日同学、幽州军阀公孙瓒。在公孙瓒支持下对抗袁绍。曹操则收黄巾，破袁术，征讨陶谦，随即被张邈和陈宫联手出卖，疲于奔命。这时，刘备趁着混乱，得到了陶谦赠予的徐州。刘备出色的战略眼光，准确的出手时机，让曹操十分赞叹。

曹操很想收服刘备。所以，他不但没有反对刘备占据徐州，还向朝廷推荐刘备为镇东将军。镇东将军是东汉末年设置的官位，掌管征伐平叛，镇守四方。建安元年六月的时候，曹操被车骑将军杨奉表荐为镇东将军，九月才卸职，转而委任刘备。由此可见曹操对刘备的器重。

次年，刘备被吕布打败，投奔曹操。曹操也果断伸出援手。斩杀吕布之后，刘备随曹操返回许都。

这时候曹操以为已经收服了刘备，却有人劝谏："刘备有英雄之志，如果不早早处置了他，恐怕后患无穷。"曹操却认为，要招揽天下英才，就必须有接纳天下英才的胸怀。杀了刘备，只怕天下英才心生疑虑，不敢来投奔。所以不但没有处置刘备，反而对他推心置腹，帮他寻找失散的妻儿，并推荐他为左将军，出则同车，坐则同席，十分礼遇。曹操想："我以国士待之，君当以国士报我。"就像自己的谋士荀彧、郭嘉、程昱那样。

曹操曾经毫不掩饰地表达过自己对刘备的欣赏。建安四年（199）的夏天，这天雷雨阵阵，曹操温了壶酒，请刘备对饮。

他们品论天下人物，曹操问刘备，谁是当今天下的英雄？

刘备说："袁绍实力强大，兵多将广，可以说是天下英雄了。"曹操却连连摇头。

刘备又说："袁术也颇有实力，称得上是英雄。"

曹操继续摇头："袁术不过是冢中的枯骨，算得上什么英雄？"

刘备又提到刘表、孙策、刘璋等天下诸侯。曹操笑了："这些人算什么英雄？玄德（刘备的字）你不要太谦虚。天下英雄，只有你和我啊！"

这话有试探的成分，但也是真心实意的称赞，说明了曹操对刘备的欣赏。曹操并不知道，这时的刘备，却早认定曹操会挟持天子，是汉室奸臣，想要脱离曹营，去做一番大事业。

这时袁术正穷途末路，准备从下邳北走投奔袁谭，曹操想趁机劫击。这时刘备来求见，主动请战："请借给我几千兵马，让我去吧。"曹操没多想就答应了，勉励刘备说："那就都托付给玄德了！"

将令刚刚签发，谋士董昭听到消息，就匆匆来见曹操，董昭说："刘备勇武，而志向远大，又有关羽、张飞做他的羽翼辅佐他，其心叵测，不能这样放走他！"

紧接着程昱、郭嘉也来了，纷纷劝谏，他们说："主公借兵给刘备，是纵虎归山，刘备肯定会生异心。"

如果只是董昭说这个话，曹操还能以"我已经答应他了""将令已经签发"为由搪塞，但是连程昱、郭嘉也都说同样的话，曹操心里就有些动摇，派人去追，却已经来不及——回报说："已经出城了。"

现在，刘备果然反了。就在曹操与袁绍对峙官渡的关键时刻，刘备杀了徐州刺史车胄，用大将关羽守下邳，自己占据小沛，坐拥部众数万，又派人去与袁绍联系，约好了一起攻打曹操。这背后一刀，捅得曹操焦头烂额，目眦尽裂。

"好、很好！"曹操一阵阵冷笑。

"主公？"

"主公！"

几声惊呼，把曹操从懊悔中惊醒。面对帐中部将惶然和担忧的目光，曹操的手抚在战报上，慢慢地说："……很好，待我亲自去会会他。"

"不可！"

"主公不可！"

帐中谋士纷纷劝谏，现在袁绍大敌当前，绝不可意气用事。有人说："刘备算什么，与您争天下的是袁绍！袁绍才是主公最大的对手。如今袁绍大军压境，您却要到东边去讨伐一个微不足道的刘备。如果袁绍趁机发动进攻，许都怎么办？"

曹操却摇摇头："不不不，你们看错了。袁绍算什么英雄，真正的英雄，是刘备啊。现在不打败他，后患无穷。"曹操想，刘备这样的人物，在这乱世里，是注定要激荡风云，搅乱天下的。既然他反了，那就绝不能掉以轻心。于是曹操亲自领军，向东征讨刘备。

建安五年春，曹操攻打刘备，取下邳，生擒关羽，刘备逃往青州，投奔袁绍。

这一战，开启了他们之后长达数十年的对抗，赤壁之战、荆州之争、汉中之战……直到各自生命的终点。后来，曹操成为魏王，雄踞北方，死后被追尊为魏太祖武皇帝，刘备则在蜀中称帝，建立蜀汉。曹、刘之争，成为三国历史中最脍炙人口的英雄故事，流传至今。

唐代阎立本所绘《历代帝王图》中的刘备形象

火烧乌巢

曹操盯住许攸。他要判断许攸的话，究竟是真的，还是一个陷阱。

这是建安五年（200）十月的一个夜晚。

这一年，曹操与袁绍相持于官渡，两军准备在这里决战。二月间，曹操在白马（今河南滑县东）斩了袁绍大将颜良，小胜两场。后来的战事却没那么顺利。袁绍倾巢而出，步步推进。曹操连败了几阵，节节退后。

袁绍的军队沿着沙丘扎营，东西相连数十里，绵延不绝。向对面望去，全是人，全是马，全是密密麻麻的营帐。

战事到了艰苦的拉锯阶段。曹操的军队少，将士黑夜白天连续作战，得不到休息。战争需要钱粮，属地的百姓承担不起沉重的赋税，纷纷降附袁绍。焦头烂额中，粮草又快用尽了。仗打得这么艰苦，曹操有些动摇了，不是没有想过退却，他甚至修书给镇守许都的荀彧，想要退回许都。

荀彧很快来了回信："主公粮草虽少，仗打得苦，也并不比昔日楚汉对峙时候汉高祖刘邦的处境难。当时高祖与楚霸王项羽都相持不肯退，一退，气势就弱了。如今主公以袁军十分之一的将士，画地扼守，袁军不得进，已经半年，对方实力已经完全暴露，士气也被耗尽。这正是出奇制胜之时，机不可失。"

曹操收到信，反复读了几遍，最后叹了口气。荀彧的判断，他一向都是敬服的。然而将士们总不能饿着肚子打仗，将士们总需要休息。可如今连运送粮草的兵士，也都疲惫不堪。

他不得不安抚他们说："再等十五天，我必为你们击溃袁绍，到那时，就不劳你们再如此辛苦了。"

最多再过十五天，他在心里对自己说，不是他打败袁绍，就是袁绍击溃他——从如今的形势来看，恐怕后者的可能性还大一些，但是无论哪种结果，这些日夜辛劳的将士，都可以歇上一歇了。

但是眼下，他还不能放弃——不到最后一刻，就不能放弃。

应付了一整日袁军的进攻，曹操筋疲力尽地回到营帐里，才卸甲歇下。忽然有人报告，说是袁绍的谋士许攸来降。曹操又惊又喜，连鞋袜都来不及穿，光着脚跑出去迎接，拊掌笑道："子远（许攸的字）你来了，我的大事可成了！"

时间正是初冬，曹操竟没有觉得冷。

曹操热情引许攸进帐入座。还没寒暄，许攸劈头就问："袁绍军盛，你打算怎么办？"

曹操看看他，笑而不答。

许攸字子远，是曹操年少时候的好友。他是南阳（今河南南阳）人，为人有侠气，有智计。灵帝中平五年，许攸曾与当时的冀州刺史王芬密谋，打算趁汉灵帝北巡，以防黑山贼为名，起兵废掉皇帝，另立新君。许攸找到曹操，希望他能加入。曹操拒绝说："废立是天下最不祥的事情，我不能答应你。"

后来灵帝因故放弃北巡，阴谋败露，王芬自尽，许攸等人逃亡。再后来，董卓乱政，袁绍愤而出京，直奔冀州。许攸从那时候开始就跟随袁绍，出谋划策，至今已经十年有余。袁绍待许攸十分优厚，视为谋主之一。

许攸这个人很复杂，曹操不敢全部相信他。曹操想，听说袁绍待他不薄，实在看不出他有什么理由背叛袁绍。

许攸是个聪明人，见曹操不肯多说，改口又问："如今军中，尚有粮草几何？"

曹操笑道："放心，可以支撑一年。"

许攸冷笑，断然否定："不可能！你想好再说。"

曹操也知道自己托大了，双方相持已久，细作往来，虽然不能说对彼此情况了如指掌，多少也心里有数。囤有一年的粮草，实在是太夸张了。曹操便道："是我记错了。如今军中粮草，只能支撑半年了。"

许攸仍是冷笑："你不想打败袁绍了吗，为什么不和我说实话呢？"

曹操心里一沉，看来许攸——也许是袁绍——是很清楚他的底细了。只得苦笑道："之前不过是和子远开个玩笑罢了，其实……只能应付一个月了。子远可有计教我？"

其实一个月这个说法，仍然不实。不过许攸与曹操是旧时故交，知道以曹操的性情，能说到这个数字，已经很不容易。

许攸也就不再卖关子，直接说道："公孤军独守，外无救援而粮谷已尽，正是危急存亡之时，如今袁绍有辎重万余车，囤在故市、乌巢，守军无备，如果以轻兵袭之，出其不意，烧其积聚，不过三天，袁绍大军必然自行溃散。"

几句话，听得曹操满脑子隆隆作响：他这里粮草将尽，袁绍那边，竟还有万余车！这仗可怎么打！

再听许攸说到袁绍的粮草囤于故市、乌巢，守军无备，一则以喜，一则以惧。如果许攸说的是真话，确实值得放手一搏——正如许攸所说，他如今是孤军独守，内无存粮，外无救援，与其等死，不如放手一搏。

但是——如果他是袁绍派来引他入彀的钓饵呢？到时候轻骑至乌巢，袁绍大军杀出，岂不是一败涂地？

但是……万一是真的呢，万一许攸说的是真的呢，万一袁绍果然屯粮于乌巢，又守军无备。如果能拿下乌巢，即便袁军不溃，这仗也能再打下去。

连月苦战，以袁军与自己的兵力对比，曹操清楚地知道，除非有特殊的契机，否则他是没有机会的，也没有退路，退则气泄——他退，背后就是许都。

他也拖不起，拖下去，粮草只会一天一天少下去，不会变多，再征税，恐州郡生变；将士只会一天一天少下去，不会变多；各路诸侯，荆州刘表、关右诸将，关中各方势力，只会一天比一天蠢蠢欲动，只要他稍露颓势，他们就会扑上来，将他分食殆尽。

是坐以待毙，还是冒险一试？

他同样冒不起这个险，许攸到底为什么会背叛袁绍来投奔他？曹操心里转得飞快。他像是抓到了什么，是的，他终于抓住了。袁绍的几个谋士中，许攸贪婪，审配专横，两个人水火不相容。如今许攸在军中，审配在邺城留守。许攸的家人一向飞扬跋扈，以许攸素日之贪，难道他的家人会因为他不在邺城而有所收敛？以审配的专横刚直，难道会顾忌一个不在邺城的许攸，而不惩治他的家人？听说审配早就在袁绍面前告了许攸的状。问题的答案应该就在这里。

曹操终于笑了，拊掌应道："好计！"

曹操留曹洪、荀攸守大盘，自领步兵、骑兵共计五千人，换上袁军的旗帜，人衔枚，马缚口，夜间从小路出营，直奔乌巢。

这天夜里，乌巢火光冲天。袁绍的粮草全部烧尽。官渡战场上，攻守形势大变，曹操一举掌握了主动权。失去军粮的袁军军心涣散，没了斗志，被打得大败。

官渡一战之后，曹操逐渐消灭了袁绍的势力，剪除了这个北方最强大的对手，统一了北方。

中国邮政发行的"夜袭乌巢"邮票

焚信得人心

时已入冬,黄河还没有结冰,草木萧条。风瑟瑟地从光秃秃的山坡上刮过,刮出一个乱世的背影。

建安五年十月,官渡之战以曹操大获全胜告终,袁绍父子仅以八百骑渡河而逃。这样一个结果,震惊了整个天下。对于许都的大多数人来说,固然是意外之喜,也未尝不是意外之惊。毕竟在战前,谁也没有必胜的把握。

营帐里生了火,暖意融融,谋士与大将济济一堂,有的交头接耳,谈笑风生,也有的默然不语,暗自思量。

赤红的火舌卷上来,探进每个人的眼睛里,照见每个人的眼睛,或兴奋,或惊慌,或担忧……如静水之下,暗流涌动。

每个人都在猜,曹操把他们聚集到这里的目的是什么。

也许是商讨下一步行动吧,有人说,毕竟袁绍虽然败北,但实力尤在。

没准是分战利品呢,有人摩拳擦掌,袁绍丰厚的家财,够大军吃上好几年了。

莫非要秋后算账?最惶惶不安的人脸上笑容最盛。

如果早知道这一仗会赢,当初何必汲汲营营?但是谁知道呢,命运是峰回路转、柳暗花明,还是四面楚歌、十面埋伏。说到底,谁想落个身死族灭的下场？良禽择木而栖，是乱世的通行法则，有什么不对？

不对的也许只是下错了注，押错了宝。

这些人跟随曹操的时日有长有短，关系有亲有疏，对于这位主公的性情多少都有自己的判断——乱世里，也容不下优柔寡断、心慈手软的枭雄。

正众说纷纭，忧喜难定，忽然帐门一掀，有人大步走进来——曹操到了，众人停了说笑，纷纷向曹操行礼。

曹操环视营中，这些人，是他的心腹，他的股肱，他的爪牙，他倚重的长城，他并肩作战的兄弟，敢于托付妻子的挚友。在和袁绍的战事最吃紧的时候，这些人里，有人呕心沥血，舍身忘死；有人三心二意，左右摇摆；也有人一面尽力而为，一面暗留退路。

如今这些人还能齐齐整整聚在这里，是因为他赢了，如果他输了，这帐中还能剩多少人？如果他输了，眼下这帐中该有多少人，在袁绍帐下与袁绍的谋士田丰、沮授商讨如何将他赶尽杀绝？曹操不能细想，也不敢细想。

曹操心里唏嘘，脸上却露出笑容，他开口说的第一句话，是告诉众人：这次我们缴获了袁绍全部的图书、辎重和珍宝。

一石激起千层浪！营中哗然。在座的都是聪明人，脑子转得不慢：辎重与珍宝也就罢了，这些图书里，该有多少是帐中人与袁绍来往的书信——大敌当前，与敌通信，信里能写些什么，猜也猜得出来。

有人暗中庆幸，自己没有走到那一步。

有人惊慌失措，还强作镇定，心下暗暗地想：果然……今天是鸿门宴么？

也有人冷眼旁观：有时候要不要继续跟随一个人，并不在于战场的胜负，而落在这些小事上，以小见大。主公会怎样处理这些书信呢？是把通敌的人都找出来，杀鸡儆猴；还是握有书信在手，时不时敲打一番；又或者……

曹操的目光从这些熟悉的面孔上扫过去。火光熊熊，逼得人额上微微地渗出汗来，也许确实是太热了。

曹操扬声道："来人！"

立刻就有人抬了一堆书信进来，一卷一卷陈列在案。谁忠诚，谁背叛，谁清白无辜，谁朝秦暮楚。只要一卷一卷翻阅，就能够看得一清二楚。众目睽睽，证据确凿，无从抵赖。曹操的脸严肃而沉重，那意思好像是说，他绝不会冤杀一个人。

曹操抬起手，缓缓抚过这些书卷。说不伤心肯定是骗人的，哪个自命英雄的人物，不希望有一帮鞠躬瘁死而后已的良将谋臣，哪个愿意朝夕相处的身边人，有另外一副心肠，另外一张面孔。哪个当主公的，能够容忍背叛？

曹操的手停在其中一卷上。

有人提起了心。屏气凝神的也许还不止一个人，之前的谈笑、淡定，忽然都被风刮去。鸦雀无声，就如同等候命运的裁决。

有那么一个瞬间，曹操心里并不是没有响起过这样的叫嚣——把人揪出来，把那些心存二意的人揪出来！让所有人看到背叛的下场，不惩恶，何以扬善！不把首鼠两端的人揪出来，如何凸显忠贞的可贵。大丈夫快意恩仇，就应该这样！

但是曹操只笑了一笑，他拿起那卷书信，没有打开，反而丢进了火盆里。火光扬了起来，照亮满营惊诧的面孔。

他们都知道这意味着什么，意味着曹操把知情权放弃了。这营中谁忠谁奸，谁可靠谁可疑，曹操自己都不会知道了。不知道多少人在暗中松了口气——这也意味着既往不咎，意味着连日来的辗转、恐惧，都是一场虚惊。悬在头上的刀，撤了。

"这不公平！"有人忍不住想。

"为什么要这样做？"有人忍不住问出声。

曹操凝视着火光，火光烈烈地燃烧着，一卷书信渐渐化为灰烬，接着又是一卷。是的，这不公平，这对忠贞的人不公平，但是忠贞的人，以后还有忠贞的机会，而犹豫过的人，也该有同样的机会——他给他们这个机会，因为他需要这些人。曹操这样想。

天下不是他曹孟德一个人赤手空拳能够打下来，也不是他曹孟德一个人赤手空拳能够治理好。天下需要天下人去治理。

烧了信，就杜绝了所有秋后算账的可能——原本他可以悄悄留着，作为把柄，作为证据，用作以后要不要起用某个人时候的参考。但是他没有这么做，因为只要这些书信存在，就可能有那么一天，有那么

曹操书法"衮雪"。据说曹操驻军汉中褒谷口时，见褒河水飞流而下，溅起的水珠犹如纷纷飞雪，于是写了"衮雪"二字。有人提醒衮字缺三点水，曹操大笑："眼前一河大水，怎能说缺水？"现藏陕西汉中博物馆。

一个人，或者有那么一两句话，让他忍不住去打开，让他亲眼目睹曾经的背叛，从此如鲠在喉。

不如早点斩断后路。

他烧了它们，就是烧了自己的疑心，也是烧了满营文臣武将的顾虑：我相信你们，我也相信自己，能够得到你们的忠心。

曹操想必是想明白了这个道理，所以他对众人说："当初袁绍强盛，连我都未必能够自保，何况你们呢。"

轻轻松松，就把背叛这样的重罪说成是人之常情——你没有错，每个人都可能做出这样的选择。不过如今，我已经胜了，过去种种，犹如昨日死，今后种种，犹如今日生。

完全可以想象，满营文臣武将震惊过后的感动。一个细节，收尽人心。谋士里想必有人拈须微笑，为自己没有选错主公而欣慰：没有海纳百川的胸襟，何以收人心？人心不收，何以平天下？

每个人都可能犯错，对错误的宽恕与容忍，给绝望以生路，足以赢得感激与忠诚。曹魏之所以能在三国之中，得人才最多，与曹操的这种驭下之道是分不开的。

不拘一格用人才

　　会议到了尾声，该商议的事情都已经商议完毕，人们都有些疲倦了。曹操扫了一眼左右，那意思是说，还有什么要说的吗？没有就散会了。

　　众人都做好了散会的准备，一个人却忽然站了出来。一众满脸倦意的臣子看到他，忍不住抚额……又来了。

　　站出来的是治书侍御史陈群。治书侍御史是西汉宣帝时候设立的官职，常用通晓律法的人担任，在事情有疑问或者难以判断的时候，就由治书侍御史依律裁决。

　　只见陈群板着脸说："我有话说。"

　　这架势，曹操也觉得头痛。看陈群的表情，就能猜到他要说的是什么。真不记得这是第几次了，但是又不能不让人开口。曹操只好硬着头皮说道："长文（陈群的字），请尽管说吧。"

　　陈群的声音很细小，但是严肃："军师祭酒郭嘉不治行检，希望主公给他处分。"

　　汉、魏这个时期，人们非常重视礼仪和品行。"不治行检"，也就是为人不够检点，在礼貌、行为上有欠缺。以类似评语被载入史册的有三国时期的名将曹仁、戴渊，以及西晋大富翁石崇等，这在当时，是很尖锐的一种批评。

郭嘉的职位是司空军祭酒，只是军队里的一个参谋。大多数时候，他都呆在军营当中，即便想要作奸犯科，也没有机会。所谓的不治行检，在郭嘉身上，大概就是饮酒无度、放浪形骸一类的事情。换了旁人，可能觉得这些事情算不了什么，也就一笑了之。但是陈群不这么看。

陈群是颍川人，他的祖父陈寔、父亲陈纪、叔父陈谌都名重于世。陈寔是著名的道德君子，在当时享有盛名。他过世时，当时的司空荀爽、太仆令韩融都穿麻戴孝，执子侄礼。四方前来吊孝的车乘有数千，参与送葬的有三万余人，可见名望之高。出身在这样一个家族，陈群自小耳濡目染，自然而然就会以君子的标准来要求自己，也同样以君子的标准来衡量别人。他刚刚被曹操征辟为司空西曹掾属（司空府的属吏）的时候，有人推荐乐安人王模、下邳人周奎给曹操，曹操打算重用他们，别人都没有异议，惟有陈群表示反对，理由是这两个人品行不好，不能任用。后来这两个人果然出事了。相反，陈群推荐给曹操的人，比如丹阳人戴乾，广陵人陈矫，都是当时品行端正的人物。后来戴乾死于忠义，而陈矫终成一代名臣。

显然，陈群评判人的标准是品行，他认为人的品行比才能更重要。

但是郭嘉之所以得到曹操重用，并不是因为他有君子之德，而是因为他有才。郭嘉字奉孝，是荀彧推荐给曹操的重要谋士。郭嘉刚到曹操麾下，就显示出非同一般的谋略和眼光。官渡之战刚刚开始，曹操与袁绍隔河对峙，刘备在后方袭取下邳。曹操担心腹背受敌，想要先除去刘备。当时谋士们都表示担忧，怕大军一走，袁绍乘机攻打许都，到时候进退失据，会十分被动。唯有郭嘉支持曹操立即去征讨刘备，他认为："袁绍优柔寡断，不会这么快做出反应，趁着如今刘备立足未稳，人心未附，主公迅速进攻，必定能打败他。"

郭嘉的判断十分准确。曹操东征，果然在一个月之内打败了刘备，解决了后顾之忧。迟钝的袁绍果然没有动作，错过了进攻曹操的大好时机。

官渡之战之后，袁绍病逝，曹操征伐他的两个儿子袁尚与袁谭，连战皆捷，当时曹军上下士气很高，想要乘胜拿下袁绍的大本营邺城。这时候，一直力主北上的郭嘉却表示反对，他建议曹操暂且退兵，等候袁氏兄弟相争。曹操听从他的建议，佯攻南边的荆州牧刘表。不久，袁尚、袁谭果然起了内讧，曹操一举平定冀州，消灭了袁绍的残余势力。郭嘉精准的判断力，使曹操极为叹服，他也成为曹操最倚重的谋士。

和陈群显赫的出身不同，郭嘉虽然也是颍川人，但是他的父祖寂寂无名。有人说他出身寒门，也有人说他出自士族旁枝，甚至有人猜测他与袁绍的谋士郭图同族。在注重门第、出身的汉末，郭嘉可以说是毫不起眼，自然不会入出身显赫的陈群的眼。

陈群弹劾过很多人，每次出手都又准又狠，让很多人心有余悸。这是陈群第一次弹劾郭嘉，人们的目光都投在郭嘉身上，可郭嘉就像是没有听见一样，连眉毛都没有动一下。

反倒是曹操小小吃了一惊，问："奉孝（郭嘉的字），真有这样的事么？"

郭嘉居然回答："主公，是有。"丝毫没有愧疚的神色。

众人都等着看这出好戏，主公会怎样处置郭嘉呢？弄不好，陈群这次会触个大霉头吧。

良久，只见曹操拊掌说道："长文能持守公正，不因为我器重奉孝而不敢直言，是件可喜可贺的事啊。"

接着就说："诸位都疲倦了，大家就散了吧。"

事情居然就到此为止。而那之后，曹操并没有疏远郭嘉这个"治行不检"的人，反而越发器重起来。当然，也没有冷淡陈群。有了曹操的宽纵，郭嘉自然继续我行我素，并没有要痛改前非的意思。对这个结果，陈群当然也不满意，不断当众指出郭嘉的过失。

但是让所有想看热闹的人失望了，每一次，曹操都只称赞陈群说："长文能够直言不讳，难能可贵。"话这样说，却一次也没有惩罚过"有过失"的郭嘉。有人笑话说：听说过各打五十大板的，没见过曹公这样原告、被告双方都对的。甚至有人开盘设赌，赌最后是郭嘉赢，还是陈群赢。有人说，自然是陈群赢，陈群的识人之明，曹公也是赞赏过的，何况陈群出身世家，年少成名，郭嘉一介寒士，拿什么和他比。就有人反驳说，郭嘉得曹公之心，非寻常可比。

一天，曹操指点儿子们的功课，嫡子曹丕忽然问："父亲为什么不处置陈长文呢？"曹丕渐渐年长，能提出这样的问题不意外，但是曹操并没有直接回答，而是反问："我为什么要处置陈长文？"

"因为……"曹丕想了想说，"因为父亲并没有处置奉孝叔叔啊。"

"我为什么要处置奉孝呢？"曹操没有直接回答，同样反问。

"父亲是因为偏爱奉孝叔叔，所以才不处置他的么？"忽然，年纪更小的曹植发问了。

曹操正色回答："当然不是，我不会依据自己的喜好来处置政务。"

曹丕迟疑片刻，方才说道："陈长文身为治书侍御史，针砭时弊，指出朝廷的问题、朝臣的过失，是他职责所在，所以父亲不处置他。"

"你说得对，"曹操十分欣慰，"那就再想想，我为什么不处置郭奉孝。"

这个问题，却比为什么不处置陈群更为困难，曹丕与曹植小哥俩过了几天，才能够回答父亲："因为奉孝叔叔有才能。"

对有才能的人，父亲总是不惜网开一面。

"不止是如此，"能想到这一点，对于两个稚龄的孩子，已经是不容易，但是曹操还是不得不进一步指点，"品行好的人，不一定有才干；有才干的人，不一定品行没有缺憾。你们都已经开始学史，就该知道，陈平品行有问题，管仲也不是君子，可他们都是当时的杰出人物。"

管仲是春秋时候有名的贤相，他年轻的时候与好友鲍叔牙一起经商，分利润的时候，管仲总要比鲍叔牙拿得多一些，就是这样一个

河南许昌三国文化旅游景点曹丞相府中的曹操、曹丕和曹植父子雕像

人，最后却辅佐齐桓公九合诸侯，称霸天下；陈平是汉初的丞相，汉高祖驾崩之后，吕氏乱政，就是多亏了陈平出力，才得以平定，但是陈平的品行，也有污点，他曾在军中收受过贿赂。

"就如子桓（曹丕的字）之前所说，陈长文身为御史，指出朝臣的过失，是他的职责，我不能阻止；奉孝出身不如陈长文，品行也不如他，但是他的才智，能够辅佐我成就大业，我为什么要在意他的不拘小节呢？"

最后，曹操得出结论："能够德才兼备当然好，但是人无完人，如果在出身、品行与才能之间，只能够取一项的话，我取才能。"

这些话，后来写到了曹操公布于天下的《求贤令》中。曹操只取才能，不看品行的选才标准，今天看起来虽然有失偏颇，但在诸侯纷争、急需人才的汉末，却起到了积极作用。

赤壁之败

建安十三年（208）冬，长江北岸扎起营帐，绵延有十里之长。江面上停泊着数千蒙冲斗舰，这些战舰首尾相连，十分稳固。连北方没见过大江大河的将士走在船上，也和行走在平地上一样稳当。

这是曹操的得意之作，有了这个，就不怕将士们不习惯水战了。

南方难得这样天清气朗，东南风刮得旌旗猎猎。曹操站在岸上，看对岸的驻军，踌躇满志，连风吹在脸上，都觉得干燥舒爽。

他这一趟南下，原本是为了征伐盘踞荆州的刘表。谁知大军才发动，刘表就因病过世了。继任荆州牧的是刘表的次子刘琮。刘琮听说曹操大军来袭，惊恐交加，很快就在部将的劝说下投降。

胜利来得这样容易，连曹操自己都感到意外。他手下的将领甚至怀疑刘琮是诈降，直到刘琮送来代表荆州牧的符节，表达了自己归顺的诚意，曹军才深信不疑。

但是曹操既然兴师动众，劳师远征，总不能不战而返。说起来，刘琮虽然投降，但是从前依附刘表的刘备没有投降，而是南下逃跑，曹操打算乘胜追击，抓住南逃的刘备，再拿下江东孙权。

算上荆州，到这时候为止，天下十二州，曹操已经得到九州，只要江东拿下，天下就平定了。

这是不世之功啊。

曹操豪情万丈，谋士贾诩却当头泼了他一盆冷水："明公从前打败袁氏，现在又收服了汉南，正威名远播；如果能利用楚地富饶的产出，优待官吏和士人，安抚百姓，那么不用出兵打仗，江东也会屈服。"

荆州在春秋时候是楚国的领土，所以贾诩称之为楚地。就如他所说，曹操这些年仗打得顺利，取冀州，讨并州，远征乌桓，威屈辽东，刀锋所向，战无不胜。现在北方已经基本安定了，他满心想着一战而定天下，哪里听得进贾诩这种逆耳之言。

不仅不听，曹操还写了一封信给江东孙权，夸耀说："我奉旨讨伐有罪的人，旌麾南指，刘琮束手而降。现在我率军八十万，想要与将军你会猎于吴。"

江东之地，在春秋时候属于吴国，曹操说要与孙权在江东打猎，是暗示江东唾手可得——等我打败了你，我们一起去打猎吧。

飞扬跋扈，溢于言表。

八十万大军，当然不是真的。不过曹操这次南来，为的是刘表。刘表经营荆州，长达十八年之久，曹操也不敢掉以轻心，所以征集的兵马，有十五六万。虽然远道而来，将士疲惫，水土不服，军中又发生疫疾，不少将士病倒，失去战斗力。但是曹军得到了刘琮的部众作为补充，与江东相比，仍然大有优势。江东贫弱，孙权能凑出五六万人马，已经很了不起。

以众凌寡，自然胜券在握，没准孙权听到他有八十万大军，会和刘琮一样，不战而降呢，曹操乐观地想。

虽然没有等来孙权的降书，但是孙权的部将黄盖却写了一封投降信。曹操收到信，拿去给贾诩看，意思是：你看，我不用在荆州花费那么多时间，江东的将领也一样会向我投降。

贾诩笑而不语，看得出，不是很服气。

黄盖与曹操约定的投降时间，就在今日。所以曹操索性带了贾诩和一众部属走出营帐，来见证这个大快人心的时刻。

兵士们感受到主公喜悦的心情，也纷纷走出营帐，走出船舱看热闹。

"来了，来了……"一阵骚动。

"在哪里？在哪里？"人们纷纷地问。

"那儿，那儿，看哪！"将士们指指点点，推推嚷嚷。顺着他们的目光看过去，可以看到远远有十余艘战舰，自南向北。隔得远，看不清楚战舰上有多少人，只能看到高高扬起的将旗。

"是黄盖，没有错。"有人说。

"主公大喜！"有人凑趣说，"黄盖是江东老将，他都能来投降主公，可知江东人心不稳。"

"正是，正是，再多来几个归降的，主公就可以不战而胜了。"

"恭喜主公！"左右一齐道贺。曹操将须，开怀大笑。

风是越来越大了，黄盖的船驶到江心，升起了帆，帆鼓满风，十余艘战舰排成一字，箭一样向曹军飞来。

这时候距离北岸还有两里。

有站在前排的将士喃喃道："奇怪，我好像看到了光。"

边上人都笑话他："你眼花了吧？"

"船上哪里来的光？"

"可能……真的眼花了吧。"将士揉了揉眼睛，抱歉地说，"昨晚没睡好。"

但是越来越多的人看到了光，船上怎么会有光呢，不不不，不是太阳的光……直到有人惊叫出声："火！"

不是光，是火！

江心中的十余艘战舰同时起火，火光冲天，借着风，正越来越快地向北岸驶来。只过了眨眼功夫，前排的将士还在揉眼睛，那火光已经迎面扑来——

船着了火，然后人也着了火，火势熊熊，直烧到岸上去，结果营帐也着了火！

火来得这样大，又来得这样急，曹操的战舰又是首尾相连，这时候要把着火的和没着火的船分开，已完全不可能。

有人倒下去，有人掉进水里，有人掉进火里，有人惊骇失声，有人转身而逃，有人摔倒，有人被踩踏，人挤着人，人推着人，每个人都急于逃命，船上岸上，营里营外，乱成了一锅粥。

湖北咸宁赤壁古战场遗址

形势急转直下，受惊的马的嘶叫，受伤将士的哭喊，都淹没在毕剥毕剥的大火里。

"主公快走！"

"主公、主公快走！"在曹操从巨大的惊愕中反应过来以前，他左右忠心耿耿的部将已经拉着他，护着他上了马，在乱军中杀出一条路。

上当了！上当了！一直到马上，曹操心里还响着那个声音：诈降、黄盖是诈降！

黄盖是诈降，那十艘战舰里装的根本不是黄盖带来投降的将士和物资，而是晒干的柴草，灌上油，只要一点火星，就能烧起来。原来，孙权与刘备联军深知自己兵力不足以对抗曹操，所以采取了这个计策——火烧曹军。

这一把火，不仅把曹操停泊在江面的战舰烧了个干干净净，还把他驻扎在岸上的营帐，毁了个七七八八。曹操在悔恨中回头观望，只见漫天的烟，遍地的火，他的人马被烧死的、被淹死的，不知道有几千几万。

早知道，就该听从贾诩的建议，他想。

早知道，就不该这样轻视江东，他想。

这时候曹操还不知道，这一把火，烧掉了他有生之年平定天下的希望。从此之后，天下三分局势渐渐形成——吴地孙权和蜀地刘备，与占据天下三分之二的曹操共有天下。

逃命华容道

天寒地冻，风阴惨惨地往骨缝里吹，曹操带着从赤壁之战中逃出来的残兵败将，在华容道上跋涉。

必须用"跋涉"这个词，才能描述这条路的艰难。华容道道窄，路险，一路上遍布湖泊、沼泽，稍不留意，就会连人带马全部陷进去。就是没有湖泊和沼泽的地方，也泥泞难行。

"主公，前方路上全是淤泥地，马不能通过。"探路的斥候赶回来禀报。

曹操勒住马，一众部将也勒住马，曹军将士们脚踩在泥中，也一齐回头。他们在等候曹操的命令。作为一军主帅，他必须拿出主意来，决定是往前走，还是向后撤，或者找第三条路。

曹操没有开口。

华容道是从乌林到华容县的必经之路，曹军的粮草和补给都囤积在华容县，所以，只有抵达华容县，才有生机。

不能往回撤，孙权和刘备的联军正往这边赶来，回撤就会迎面碰上，以这些士气低落的残兵败将对敌，必败无疑。也没有时间去打听和探查有没有第三条路。他们必须赶到华容县，而且要快，快一分，生机就多一分。

不能及时赶到华容县，拿到补给，补充体力，等孙、刘联军赶上来，也是个死字。

只能往前走。但是斥候说——前路不通！

曹操已经很多年没有遭遇过这样艰难的境地了，怎么选都是死路。懊悔没有用，也没有太多的时间容他犹豫。曹操的目光扫过左右，这些是他的心腹谋士，他最忠诚的将领，他不能死在这里，他们也不能。

还有这些兵士，他们有的丢了坐骑、兵器，有的丢了盔甲，满面污泥，可能是被火烧的，也可能是被烟熏的，有人从水里爬出来，有人从火里杀出来，有人受了伤，有人衣甲上全是血，他们死里逃生，狼狈不堪。但是他们是他麾下最精锐的兵士，他把他们从北方带过来，他还想把他们带回去。

这时候一阵大风吹过，就听到"咔嚓"一声，将旗折断！

这一声脆响，把曹操从沉思中惊醒过来：必须有所取舍了！以现在的情况，他是绝不可能把这些人全带回去了，他必须决断——是在这里全军覆没，还是牺牲部分，把大多数人带回去。

牺牲谁呢？

曹操艰难地开了口："分一些人，多多砍倒路边的芦苇和蒿草，填在路当中，让马可以通过。"

"是！"立刻就有人应声，就要发号施令，让将士们遵令行事。

"让……受了伤的士兵去。"曹操补充说。

这个命令让他的部将有片刻的迷惑——受了伤的兵士行动迟缓，做起事来远远不如没有受伤的兵士利落，为什么主公要叫他们去呢？但是他们也很快就明白过来，主公是要放弃伤兵了。

如果不能把所有人带回去，那么，就把生还希望最大的那批人带回去。

部将并没有犹豫太久，又应了一声："是。"

这一次，声音比之前要低得多了，他知道这是在杀人，而且是在杀自己人。

命令很快得到执行。

在赤壁之战和接下来一路逃亡中受了伤的士兵，吃力地砍下芦苇和蒿草，把它们背到道路当中，填充在淤泥上。繁重的劳动透支了他们原本就不多的体力，不断有人倒下去，有的就倒在刚刚背回来的草边，有的人挣扎着想站起来，却摇摇晃晃，再也迈不开脚步。

"走！"曹操沉声下令。

军令如山，战马又跑起来，然后步兵紧紧跟上，伤病的士兵远远落在后面，只能看到同袍们绝尘而去的背影。

"岂曰无衣，与子同袍。"这是春秋时候秦国的战歌，那歌里说：怎么能说没有衣裳呢，我愿意与你分享我的战袍。它说的其实不是衣

北京颐和园长廊中所绘华容道故事场景。《三国演义》中，曹操在华容道遇到刘备的大将关羽，关羽想到曹操对自己的种种好处，把曹操放走。

裳——在战场上，能与战友分享的，能托付的，是性命。

但是现在这些人丢下了他们。

逃走的将士心里也不好过，他们知道自己是踏着同袍的尸体逃出来，留下的人十个也活不了一个，他们有劫后余生的小小庆幸，也有兔死狐悲的悲情。谁知道自己在什么时候也会被抛弃呢？

整支兵马都沉浸在沮丧、绝望的气氛里，仿佛连原本阴沉的天，也因此越发阴沉了。

华容道漫长得像是没有尽头。

忽然间，将士们听到了一声大笑——这时候，这光景，谁还笑得出声？他们纷纷张望着，最后看到了他们的主帅。是曹操在笑，将士们都诧异了，就连曹操左右的心腹也是连惊带怕：主公不会因为悲伤过度，而情绪失常了吧？

良久，方才有人壮起胆子，问曹操："主公笑什么呢？"

"我笑刘玄德。"曹操说。

刘备有什么可笑的，左右闹不明白。他们下江南以前，刘备客居荆州，为刘表守樊城，曹操大军一到，刘备就开始逃命，到当阳，再到汉津，一路凄惶，辎重、妻子通通都丢下，如果不是关羽的水军接应，根本脱不了身。结果赤壁一战之后，声称要与孙权在江东打猎的曹操被烧得灰头土脸，刘备却反败为胜。

曹操故意停了一会儿，方才解说道："我笑刘备智短。刘备也是个英雄，这次却失算了，你们想想看，如果现在，他在这华容道上放一把火，你我还逃得出去么？"

左右部将和幸存的兵士听了他的话，相对骇然：主公说得没有错，如果在这时候，在这个士气降到冰点，体力只够喘气的时候，在这华容道的路口，一把火，就能让他们死无葬身之地！

左右的谋士与部将不知道是该佩服主公的苦中作乐，还是该慨叹主公的胸襟——明明是败军之将，现在还不知道能不能逃出去，却已经有了闲暇和心情为对方计算，嘲笑敌人智计不够用，没有能够置他于死地了。

大难不死的庆幸压倒了紧张、恐惧和绝望的情绪，华容道尽头终于在望，士气终于振作起来。

曹操心里也松了口气。

有趣的是，曹操这句话说完没有多久，刘备终于意识到自己的失误，赶过来放了一把火，不过这时候，曹操已经纵马而去。

这一去之后，天下为曹、孙、刘三家共有。曹操北归，一直到建安十七年（212）才再度南征。

爱子心切

这是建安十三年冬天的邺城。

天冷得邪乎。天色是铁青色的灰，像倒扣下来一口铜钟。人们把手笼在袖子里，尽力抵抗严寒。丞相在赤壁打了败仗，家家户户都有死人。邺城里每天都能听到哭声，也不知道是哪家出殡。

这几天，司空掾邴原的府邸也笼罩在哀戚中，他家倒没人丧命战场，但是邴原的小女儿过世了。在东汉的时候，小儿夭折是件很常见的事，即便在富贵之家，也难以幸免。

主人家有丧事，下人行事也免不了要谨慎小心一些。但是这个进来通报的下人却显得格外慌张："丞、丞相的车驾！"

"什么？"

"丞相的车驾已经到了府外！"这一次，总算把话说清楚了。曹操升任丞相，是这年六月的事。皇帝孱弱，在曹操的羽翼之下。现在的曹操位高权重，难怪下人慌张成这个样子。

邴原不慌不忙吩咐："开正门。"自己正了衣冠，迎出门去，一面走，一面在心里想，丞相此来，不知是为了什么事。

曹操进门，却是客气非常。曹操说："想必根矩（邴原的字）也听说了，我家仓舒（曹冲的字）在今年年初……夭了。"未及成年而死，称之为夭。

曹冲是曹操钟爱的小儿子，今年才十三岁。关于曹冲的故事很多，一直流传到后世。据说孙权曾送一头大象给曹操。曹操想知道这个庞然大物有多重，然而左右都没有办法称量。直到曹冲站出来说："我有法子！"当时有多少聪明人都束手无策，曹冲不过五六岁，他这话谁都不相信。

但是曹冲说："只要把大象放在船上，记录船吃水的深度，然后用这艘船装载别的东西，只要吃水同样深，那么这船东西的重量，就是大象的重量。"曹操依计而行，果然测出了大象的重量。

曹冲不止是聪明，还仁爱。曹操一向主张严刑峻法，所以底下人要是犯了错，就会非常恐惧。曹操有一副马鞍存在库房里，被老鼠咬坏了，管理仓库的小吏们发现之后，担心性命难保，商议要去自首，又怕难免一死。曹冲听说了这个事，对他们说："你们等上三天，再去自首。"

小吏们虽然也听说过曹冲的聪明，但是仍惴惴难安，好不容易辗

中国邮政发行的《曹冲称象》邮票

79

转过了三天，果然去向曹操自首。曹操竟然毫不在意地笑了，说："我儿子的衣服就在手边，尚且会被老鼠咬坏，何况是挂在柱子上的马鞍呢。"

原来曹冲在这几天里，用刀戳坏自己的衣服，就好像被老鼠咬坏一样，然后装出十分难过的样子。曹操一向宠爱这个孩子，见他这个模样，不由问："怎么啦？"曹冲说："我听说衣服被老鼠咬坏了，不吉利，所以难受。"曹操笑着说："哪有这回事，那是胡说，不用担心。"有这件事在前，到小吏来报，曹操自然就不会过于责怪。得曹冲曲言救命的人，也不止这一桩。曹操经常同群臣说起，骄傲之色，溢于言表。想必任何一个做父亲的，有这样的儿子，都是应该骄傲的。

年初曹冲生病，一向不信鬼神的曹操竟然为之祈祷再三，甚至悔恨地说："我不该杀了华佗，否则仓舒或许还有救。"

曹操有头风病，之前一直由神医华佗医治，往往手到病除。后来华佗声称妻子生病，要回家救治，从此一去不返。曹操多次写信，又命郡县下公文，华佗都不肯归来。曹操派人探察，发现华佗妻子生病是假，大怒之下，就把华佗给杀了。之后曹操头风病再发作，虽然疼痛难忍，也没有后悔过，到曹冲病危，方才有这样的懊悔之语，可见爱子情深。

到曹冲身死，曹操更是痛哭不已，曹操的次子曹丕上前安慰，曹操冷冷地说："他死了，是我的不幸，却是你的幸运。"这一年，曹冲十三岁，曹丕二十一岁。以年龄论，曹丕年长，曹冲年幼，以身份论，曹操的原配丁夫人走后，曹丕的母亲卞夫人就已经总管后宅，尊贵远胜曹冲的母亲环夫人，但是曹操的言下之意，竟然是要以曹冲为继承人！这句话让曹丕在许多年以后还耿耿于怀，即便在登基称帝之后，仍忍不住说："如果我的兄长曹昂尚在，这天下自然是他的；如果幼弟仓舒在，也没有我的份。"这话里有多少庆幸，就有多少怨言——父亲最得意的儿子，从来都不是他。

所以，曹冲夭折，可想而知曹操有多伤心。曹冲的事，邴原多少有所耳闻，他也从曹操的这句话里猜出了他此行的目的，是为了给曹冲找一个冥妻。

冥婚是我国一个古老而荒谬的习俗。古人有事死如事生的说法。认为人死后，在阴间，仍然会像在阳间一样过日子，所以会给亲人陪葬许多活人的必需品，比如房子、车马、婢仆、护卫。帝王更是厚葬成风。但是曹操是提倡薄葬的，他死后，也确实身体力行。

这样的理智，轮到爱子身上，就是另外一回事了。曹冲夭折，未曾娶妻，曹操就决心给他找一个妻子，不让他一个人在地底下孤孤单单。而邴原的女儿，刚好过世不久，年岁也相当，所以曹操就找上门来。

能和曹操结亲，不知道多少人梦寐以求，但是邴原这个人非常正直，他直截了当地回绝了曹操："为夭亡的儿女婚嫁，不符合古礼。"

不是每个人，都有勇气拒绝当朝权臣。更何况邴原是司空掾，也就是司空的属吏，司空是谁？司空就是曹操之前的职务，邴原是他的下属，直接受命于他。

曹操进门之前，根本没有想到过会被拒绝，所以非常意外，这个意外的神色，甚至在脸上流露了出来——要知道，以曹操当时的权势，收拾区区一个属吏，易如反掌，而邴原竟然敢拒绝他的好意！曹操有点恼怒，难道他不想当这个官了么？

　　却听邴原又说："丞相之所以重用我，是因为我能够遵从圣贤的

训示行事，如果我听从了您的这个命令，那我不过是一个庸人罢了，您

还有什么必要用我呢？"以曹操的爱子之心，这样被拒绝，一怒之下，

未尝不会迁怒于人，但是邴原明确表示：您重用我，是因为我有操守，

有原则，如果没有这些，您为什么要重用我呢？

　　曹操闻言，思忖良久，终于什么都没说，就走了。

　　之后，曹操对邴原越发尊重起来。曹操出征时，常令邴原、张范与

曹丕留守邺城，他对曹丕说："有事要多向他们请教。"曹丕因此对邴

原执子侄礼。再之后，曹操又任命邴原为五官将长史，五官中郎将就

是曹丕。这时候曹操已经老了，他开始为自己的子孙打算。曹丕是他选

中的继承人，他要选一些志行高洁的人来辅佐这位继承人。

帮助蔡文姬

高朋满座，丝竹悦耳，酒半酣，歌舞正当时。曹操难得有这样闲暇的时候，也难得有这样的兴致，顾盼间，但见公卿、名士，各路驿使，踌躇满志。

忽然有近侍进来，低声禀报道："丞相，董蔡氏求见。"

曹操微怔了片刻："董……蔡氏？"

"她说她姓蔡。"侍从说，他记得那个女人郑重其事地强调，眼看着丞相的脸色沉下去，心里就有些忐忑。

许久，才听到丞相淡淡地说："请她进来吧。"

曹操双手一拍，歌舞顿止，座中人不知道发生了什么事，一起看过来。

曹操说："蔡伯喈（蔡邕的字）的女儿来了，我为你们引见。"

蔡邕生前官至左中郎将，通经史，擅辞赋，妙解音律，精于书法，名望重于当时。在座受过他指点、提携的人，也不止一二。

时隔多年，忽然又听到故人名讳，人们都有些诧异，互相问询打探道："倒是许久不曾听闻，蔡中郎的女儿蔡文姬……听说是许了河东卫家的孩子？"

"正是。"有知情者回答，"许的是卫家二郎，二郎福薄，早早就去了。"

"可怜！"有人慨叹。

也有人问:"那后来……"

后来的兵荒马乱,灾祸连年,在座的人都是亲历。蔡家的这位女公子,会有怎样的际遇,消息灵通的略知一二,只是摇头。曹操却知道得最清楚,兴平年间,中原内乱,烽烟四起,匈奴过境,掠走生民数千,蔡文姬就在那场劫难中被南匈奴左贤王掳走,没入匈奴十二年。这十二年的悲苦,蔡文姬作诗来形容,那诗中说:"山谷眇兮路曼曼,眷东顾兮但悲叹。冥当寝兮不能安,饥当食兮不能餐。"

曹操是见过蔡文姬的,他在洛阳为官的那些年月里,与蔡邕过从甚密,时常出入蔡家,所以见过蔡邕的这个小女儿。那时候蔡邕用极骄傲的语气和他说:"我的这个小女儿,足以传我衣钵。"

当时曹操不以为然:"只怕言过其实。"

"你不懂!" 蔡邕断然反驳,"我在庭院里弹琴,断了弦,琰儿在室中,扬声就说:'阿父,第二根弦断了。'"

"兴许是巧合呢。"曹操凑趣。

"我也这么想,所以故意再拨断一根,琰儿又提醒我:'第四根也断了。'"蔡邕得意洋洋,"你看,又对了。你可能猜中一次,但是不会每次都猜中。"

蔡邕疼爱女儿,大概就和他疼爱仓舒一样,曹操想。中平六年,董卓进京,他连夜逃出洛阳,陈留起兵,与天下诸侯会师河内……之后戎马倥偬,一日不得安闲,蔡邕被王允逼死狱中的时候,他正在济北大破黄巾军。

到得知蔡邕死讯,事情已经过去很久了,连遥祭都太晚。

所以到后来冀州初定,曹操听说了蔡文姬的下落,很快就派遣使者去匈奴，不惜千金玉璧，把蔡文姬赎回来。他记忆里的蔡文姬，还是十多年前玉雪可爱的小姑娘，到重逢，却是容色枯槁，神情憔悴。之后，也是他做主，将蔡文姬许给屯田都尉董祀。前几日董祀犯法当死，所以今日，蔡文姬求见，应该是为了她的夫君。

沉吟间，底下人已经引蔡文姬前来。

只见蔡文姬头发蓬乱，赤足而行。

众人都大吃了一惊：当日蔡邕名满天下，哪个不知？他的女儿如今，竟然落魄到这个地步！

蔡文姬到堂前，不等丞相问话，叩头就请罪。那是寒冬腊月的天气，蔡文姬衣裳单薄，却还声音琅琅，条理清晰。她说她的夫君犯法，按律当死，她却不得不来求丞相法外容情。她的言辞哀戚恳切，就是见惯了生死的人，也忍不住为之动容。

在座有人是受过蔡邕恩惠的，虽然时过多年，依然心存感激，想为蔡文姬求情。但是丞相素来推崇严刑峻法，贸然求情，会不会惹丞相不快呢？蔡邕已经过世多年，蔡家无子，董祀不过是一个屯田都尉，值不值得冒这个险？

也有人看出曹操的心思，他肯放蔡文姬进门，多半是有法外开恩的意思，不然何必放她进来？恐怕这位蔡家女公子在大庭广众之下哭诉求情，原本就是丞相暗中授意。曹操既力主以法治民，就不能出尔反尔，失信于天下，但是又不忍故人之女再遭丧夫之痛，所以等着他们给递台阶呢。

想到这一点，大臣们纷纷为蔡文姬求情。

曹操却无视左右，一本正经地对蔡文姬说："你说的情况，确实堪怜,可是判决的公文已经发下去了,追赶不上怎么办呢?"

蔡文姬何等灵敏之人,应声就答:"明公马厩中有好马万匹,有虎士如林,何必可惜疾足骏马,而不救人一命呢?"

话说到这份上,左右公卿名士哪里还不知道丞相的心思,纷纷助言:"蔡夫人说得有道理。"

曹操这才点头说:"好。"吩咐侍卫立时派人去赦免董祀。

蔡文姬绷紧的心弦,这时候才稍稍松下来。她衣裳单薄,到心弦一松,就察觉天寒地冻,冷意飕飕地,直袭上身来,不由打了个寒战,就听得座上丞相的声音道:"来人,快扶蔡夫人下去!"

蔡文姬被引入后宅,戴上头巾、穿上鞋袜,半晌,身体才暖和过来,脸上也有了红润之色。再到堂前,拜谢丞相大恩——其实她也知道,这样的恩情,不是一拜两拜能够还得了的。丞相大约也是察觉到她的心思,所以给了她这个机会,他问道:"我听说夫人家中原有许多古书典籍,夫人还记得么?"

蔡文姬说:"早先亡父曾留下四千多卷书给我,之后颠沛流离,都没有保存下来,如今我能记得的,参差还有四百多篇。"

曹操说:"我派十个书吏,帮你写下来?"

蔡文姬道:"男女有别,依礼不宜亲口传授,请丞相赠我以纸笔,我能够完成。"

依然还是那个知书达理的蔡文姬啊,曹操忍不住想,这些人都听到了吧,蔡文姬的才能与功劳,足以让他法外施恩,放过她的夫君。

他能为老朋友做的,也只有这些了,希望蔡邕在天上看见,不要怪他做得太少。

险渡黄河

秋风瑟瑟，河水滔滔。

曹军将士鱼贯上船，横渡黄河。建安十六年（211）七月，马超、韩遂、杨秋、李堪等关西诸将叛乱，聚兵十万，屯据潼关。曹操领兵到潼关，双方在黄河沿岸对峙。曹操先派徐晃等渡过蒲阪津，据守河西。至此，黄河蒲阪（今山西永济东南）一段的两岸都在曹军手里了。随后，闰八月，曹操的主力部队开始自潼关北渡黄河。

这时候天色渐渐放亮，大军陆续渡河，曹操自领百余人留南岸断后。将士都陆续上了船，大小船只分开河水，发出吱吱呀呀的响声，纷纷向对岸涌去。

正当曹操准备渡河时，忽然斥候来报："马超领军来袭！"只听见密集的马蹄声像雨点一样响起，骑兵呼啸而至，喊杀声，箭矢清脆的鸣叫声，让人胆战心惊。

破晓的晨光里，黑压压地不知道有多少敌兵。

左右忙催促曹操："主公快走！"

曹操依然踞坐在胡床上，紧张、仓促间，竟然站不起来。曹操脸色煞白，一时竟无法动弹。

部将许褚、张郃见情况紧急，赶忙扶起曹操，奔上一条小船。上船才发现，掌船的船工已经被射死。片刻的工夫，已经有骑兵沿河掩杀过来。

张郃当机立断，拔刀砍断缆绳。这时骑兵已到身后。幸而水流得很急，船一入水中，就被冲到四五十米之外。

再回首看时，岸上杀声震天，断后的士兵纷纷倒地，落水。

曹操伏在船尾眺望，叹息说："马孟起（马超的字）是倾巢而出了，这里怕不下万余兵。"这时的曹操已经是沙场老将，这估算也不会相差太远。张郃、许褚心里都后怕不已——如果方才迟疑一步，这时候主公已经生命难保。

然而眼下境况也很糟糕，船工中箭身亡，许褚、张郃都是北方人，不会操船。这只小船在河中飘荡，被水流冲得团团乱转。

马超很快发现走了这只船。将士告诉他，小船中坐的不是别人，正是曹操。马超喜出望外——只要杀了曹操，曹操大军则不战自退。于是亲自领着骑兵，沿河急追。关西军弓箭手麇集在河岸。马超一声令下，万箭齐发，箭矢带着厉响，飞蝗一样飞向河里的小船。

已经抵达对岸的曹军将士远远瞧着马超大军横扫左右，曹军纷纷溃散，一个个捶胸顿足。更要紧的是，他们焦急地想找到曹操。乱军当中，主公去了哪里？

一群将领心急如焚，就有人悔恨地说："就不该让主公亲自断后！"

曹操这人，既有运筹帷幄的谋划，也有身先士卒的胆量。在战场上，曹操经常置身军前，或者率先冲锋，或者亲自断后。无论当初打黄巾，追袁术，还是后来征徐州，复兖州，远征乌桓，以及战官渡，战赤壁。以身为饵的事不知道做过多少次。曹操有文采，有计谋，是个出色的文人和谋士，同时曹操也有胆量，有魄力，在战场上，是军中的军胆。没有曹操的胆魄，不可能有精锐的曹军，更不可能有曹军辉煌的战绩。

"看！"忽然有人惊叫出声。北岸的将士顺着那人手指的方向望去，只见河水中心旋转着一叶小舟，数百关西精骑正在沿岸急追，小舟的前后左右箭下如雨。曹军将士不由又惊又喜，这紧追不舍的架势，舟中莫非有什么重要人物？留在北岸最重要的人物，自然非曹操莫属，那么……主公还活着？还没有落到马超手里？众人一时又纷纷升起希望，恨不能在主公身边帮助御敌，只恨隔着大河，鞭长莫及。

马超领着轻骑一路猛追，船慢马快，双方的距离越来越近。马超已经能看清楚穿中人的容貌，那个伏在船尾的，无疑正是曹操。他一阵狂喜，曹操已经成了笼中的鸟，釜中的鱼，这场战争的胜券已经握在了自己手上。他命令部下更猛烈地射击，打算把曹操射死在船上。

船中的许褚、张郃一人举着一只马鞍，遮挡箭支。可马鞍窄小，箭矢密集，两个人在小舟上左支右挡，十分狼狈。

黄河风光

89

就在这时候，河岸上忽然响起一阵骚动，动静越来越大。在马超军的身后，不知从哪里冲出来一批牛马，这些牛马狂奔乱跳，速度飞快，像乌云一样一直卷到马超的队伍里，马超的队伍顿时大乱。

在那个时代，牛马是重要的畜力，耕田、运输都靠它，所以是很珍贵的财产。马超军见牛马遍地，纷纷下马，去抢牛争马。有的士兵被牛马撞倒，有的则践踏到自己人，队伍迅速溃散了。

追赶曹操的骑兵也被乱军冲散。马超虽然想再追下去，却已经有心无力。

马超军中这一乱，小船压力大减。许褚和张郃都长松了口气，擦了一把汗，心里不知道念了几千几万句万幸。

曹操看着岸上的一切，想了想，恍然大悟，拊掌笑道："这肯定是丁斐的主意！"这么奇特的法子，只有丁斐才能想得出来。

丁斐与曹操同乡，很早就跟了曹操。这人有个毛病，贪财，是个财迷，并且几次触犯律法。可曹操用人不拘一格，觉得丁斐有智计、有才能，所以依然留在身边。丁斐见情况危急，放出了曹操军中运输军粮的牛马。他自己贪财，以己度人，用牛马搅乱了敌军，救了曹操。

许褚与张郃赶快抓紧时机，奋力划动小船，总算到了对岸。

小船终于靠岸。曹操上岸和将领们相见。见曹操安全渡过黄河，麾下将领和谋士悲喜交加，涕泪共下。曹操却放声大笑，自嘲说："今日差点被马超这小贼困住了。"虽然后怕，但是豪情不减，一如从前。

曹操北渡黄河后，又从蒲阪渡到黄河的西边，并循河向南进发。期间又偷偷在渭水上做浮桥，夜间悄悄潜兵在渭南结营。可是，曹操的军队每渡过一部分，就被马超的骑兵冲散。河岸上都是泥沙，兵士们无法修筑工事。这时谋士娄圭出了个主意，在对岸聚沙为城，以水浇灌。当时正是深秋，西北一带天气寒冷，水浇在沙上，即时凝结成冰。曹军一面筑城，一面泼水，到了天明，四面坚固如铁的沙墙立了起来。凭借沙墙，曹操大军全部渡过渭水。经过几次迂回，曹军完成了对马超军的包抄，占据了战场主动权。

离间之计

建安十六年（211）九月，渭水汤汤，旌旗猎猎。曹操的军队渡过渭水后，马超等就陷入了一片混乱，时而率军挑战，时而又割地请和。曹操知困兽犹斗，于是伪许请和，静静等待着更好的时机。

今天的战场上，出现了一幕奇景。双方的军队没有厮杀、拼命。战场的中央，只有两个中年人，骑着马悠闲徜徉，亲密交谈。他们时而相视而笑，时而拊掌称快，时而扼腕叹息，时而唏嘘不已。因为走得很近，他们的马都交错并颈，似乎也像主人一样在交谈，叙旧。

远远围着他们的，是里三层外三层的将士。有曹操的青州兵，有马超的西凉兵，甚至还有羌人。马超的领地靠近边陲，羌人是马超军队里的一支精锐力量。他们踮起脚，伸长脖子，站在马上，人叠着人，人架着人，甚至爬到附近的树上。大家交头接耳，窃窃私语。

"看见了吗？看见了吗？"有人问。

"看不见啊！"有人嚷道。

"看见了，看见了！"这是欢快的应和。

有人说："快、快说说，曹公长什么模样啊！是不是和他们说的一样，身高八尺，腰带十围，眼如铜铃——"

"停停停！那还是人嘛！"

"但是那是曹公啊！"有人不服气地反驳："曹公怎么能像常人

一样？……"

有人推操："你都看了这么久了，让我也看看！"

"一边去！"

这动静大了些，就惊动了包围圈里的人。谈笑的两个人中，有一个人回头来，看着这人叠着人、人挤着人的奇景，不由得哈哈大笑。他提高了声音，向着西凉军的方向喊道："你们是来看我的吗？"西凉军中就响起了一阵阵喧哗声和骚动声。

这两个人，一个是曹操，一个是西凉军的重要将领韩遂。

很多年前，曹操与韩遂的父亲一起举孝廉，颇有情谊。曹操举孝廉早，韩遂父亲举孝廉时已到老年。所以韩遂虽然比曹操晚了一辈，却比曹操还要大上几岁。后来黄巾起义，曹操跟随皇甫嵩大破黄巾军，回洛阳受赏。这时恰好韩遂也来到洛阳。韩遂和曹操年龄相仿，志向相同，趣味相投，于是成为好友。后来董卓进京，天下动荡，两个人各奔他方，竟再也没见过面。到现在，三十年过去了，韩遂已经不是那个意气奋发的少年，曹操的两鬓也有了白发，两个人再次见面，却是在你死我活的战场上。

在两军对峙、伪许请和、暂不交战的形势下，韩遂仗着与曹操有旧交，要求在阵前相见。曹操接到韩遂的来信，决定将计就计。

韩遂没有想到，这次故人重逢，居然谈得这样愉快。曹操闭口不提战事，却尽情回忆往事，说起洛阳的花，天子的威仪，洛阳繁华的街道，洛阳的故人。韩遂也似乎回到了自己的青年时代，流露了真情。两个人越说越投机，战场的肃杀气氛，居然完全消散了。士兵们见主将聊得这样融洽，也放下了刀枪，收起了敌意，好奇地望着这一幕，议论纷纷。

韩遂很为手下这些少见多怪的兵士羞愧："关西的将士久仰曹公威名，所以乍见之下，激动不已，有失礼节，还请曹公勿要怪罪。"

曹操毫不介意，呵呵大笑，又提高声音问关西士兵："你们是来看我有没有三头六臂的吗？"围观的关西兵轰然大笑，都觉得这个曹公和蔼可亲，与自己想象的不一样。

曹操等他们笑完了，方才往下说道："没有三头六臂！我就是个平常人，没有四个眼睛两张嘴，只不过，比平常人稍微聪明一点而已。"关西士兵们又轰然大笑。

一直聊到太阳西斜，曹操在马上握住韩遂的手说："多年之后，还能与故人重逢，畅话平生，实在是难得的快事！"韩遂也十分激动，握着曹操的手半天没有松开。

当天晚上，马超闯进了韩遂的大帐，劈头盖脸责问韩遂："白天战场上，曹操究竟和你说了些什么？"

陕西汉中石门栈道风景区文化广场的马超雕像

韩遂坦诚相告："没说什么，不过说了些陈年旧事。"韩遂的心里不大舒服，故人叙旧，虽然在战场上，也是人之常情，值得这样大惊小怪吗？没想到马超十分不快，铁青着脸，一言不发，出大帐走了。

　　马超是西凉名将，武艺高强，身经百战，心思缜密。这时他边走边恨恨地想，交谈这么久，上万将士都看在眼里，竟然说只谈了陈年旧事，当我是三岁小儿？韩遂与曹操有旧，这背后的图谋，难道不是冲着自己来的？转念又想，韩遂与父亲马腾是异姓兄弟，却曾经连年交战，互相攻击，如今父亲在邺城为人质，韩遂却撺掇自己起兵反曹，这究竟是什么居心。

　　当天夜里，韩遂和马超的大帐外都增加了守卫，西凉军军营里的气氛突然紧张起来。细作把这个情况报告给曹操。曹操十分高兴，自己的计划，正在一步步地实现。

　　几天之后，韩遂收到了曹操的一封信。还没有打开，马超就闯了进来。

　　马超单刀直入："听说曹操送来一封信？"

　　韩遂脸上很尴尬，十分不高兴。他把信递给马超："刚刚送来，我还没有打开。"

　　马超也不客气，打开信读了起来。信里不过几句寻常的寒暄，并没有什么机密。奇怪的是，信里涂涂抹抹，修改了很多地方。一封简短的书信，为什么要改来改去，韩遂究竟是看过信了，还是没有看？马超看着信，不由得一阵冷笑，一把把信拍在韩遂面前的桌案上。

　　韩遂拿起信一看，恍然大悟，对马超说："贤侄，千万不要中了曹操的奸计！"马超却一言不发，冷笑着走了。

于是，马超与韩遂之间的裂痕越来越大。马超对韩遂虎视眈眈，韩遂也不甘示弱。双方剑拔弩张，似乎要马上火并。关西军群龙无首，无异于一群乌合之众，再也没有力量抵挡曹操。

曹军乘机出击，大军不攻韩遂，直扑马超的大营。马超已经成了孤军，只能独自奋战。曹军漫山遍野，蜂拥而来，把马超杀得大败。马超败退之后，西凉十万大军被各个击破，诸将各自逃命。韩遂、马超退往凉州。不久，关中全部平定。

关西众将起兵时，声势浩大，曹军将领都很畏惧。关西军从西北各地陆续集结到潼关，每到一支军队，曹军将领们就议论纷纷，十分紧张。相反，曹操得到关西军又集齐了一部的情报，却非常高兴。大胜之后，将领们问曹操这是为什么。曹操解释说，西北地区地域辽阔，如果这些叛军将领各自据险以守，遥相呼应，要想一一平定，不知道要花费多少功夫。这次这些叛将集中在一起，人马虽多，却互相不服，军中又无主帅，稍使离间计，就能一举消灭。所以，敌人集齐，才让人高兴啊。

床头捉刀人

曹操最近有点烦恼，因为有匈奴的使者抵达邺城。

匈奴是我国北方的一个游牧民族。秦汉时候，匈奴骑兵经常越过长城，进入中原来劫掠。秦始皇和汉武帝都狠狠打击过他们，迫使他们分裂、迁徙，或者内附于中原政权。但是一旦中原衰弱，匈奴就会生出窥伺之心。汉元帝就不得不通过"公主和亲"的方式来笼络他们的首领，于是有了著名的"昭君出塞"故事。

东汉末年诸侯混战，民生困苦，百业凋零，中原的实力当然远不如秦皇汉武时候。不过，曹操是无论如何都不愿在匈奴面前露出半分颓势的。

所以听到匈奴使者求见，曹操在镜子前照了半天。端详着自己的容貌，颇有些忐忑。

那个时代的人们重视仪容，长相不佳，容貌不美，风度不能怡人，会被认为是很遗憾的事情，甚至会遭到嘲笑。

能够在东汉末年政坛上呼风唤雨的人，通常都有着不俗的仪表，比如袁绍，史书上说"绍有姿貌威容"，说袁绍长得体面，而且姿态高雅。比如刘备，"身长七尺五寸"，可以说是身材高大。比如诸葛亮，"容貌甚伟"，也是仪表堂堂。江东小霸王孙策更是"为人美姿颜"，是一名美男子。

建安五年（200），孙策遇刺，面部中箭，当时医生认为还可以抢救，但是孙策揽镜自照，对左右说："我的脸毁成这个样子，难道还能建功立业吗？"悲愤地捶打案几，结果伤口迸裂，当天晚上就死了。英雄如孙策，就因为容貌被毁而自惭，觉得连建功立业都没有可能，可见容貌的重要性。

魏王曹操的长相，《魏氏春秋》中记载：姿貌短小。也就是说他不高，而且长相不佳。而《三国志》中，索性对曹操的容貌不置一词，可想而知，他的容貌，既不俊美，也没有威严。

这就是为什么匈奴使者求见，曹操会这样烦恼的原因了。

话说回来，曹操虽然其貌不扬，平时也是要出门见人的，之所以对匈奴使者的求见格外慎重，无非是不愿意因为自己的容貌欠佳，给匈奴留下"中原无人"的印象，让他们以为汉室衰弱，就有机可乘。

曹操在左右属官中转了一圈，最后选中尚书崔琰——他决定让崔琰冒充自己，接见匈奴使者，自己扮成侍卫，持刀在侧。

崔琰出身名门，是当时有名的美男子，有学识，有风度，有威仪。由这样一个人来接待使者，应该是能够令桀骜的匈奴人不至于小瞧中原人物吧。

接见匈奴使者的日子很快到了。通报过后，匈奴使者正了正衣冠，步入殿堂。他清楚自己的使命，除了外交之外，还有代单于来见识和判断，这个中原实际上的主人，在天下大乱时候挽狂澜于既倒的魏王，是怎样一个人物。

行过礼，阐明来意，应对魏王的询问，匈奴使者在对答的空隙里，偷偷抬起眼睛，打量座中魏王。魏王已经年过半百，但是眉目疏朗，姿态从容，四尺长的美髯打理得当，没有一丝杂色。

风度优雅得像个世家子弟，使者想，但是怎么听说魏王身材不高，而且征战多年……他心里琢磨，忽然觉察有人在看自己。奇怪，这庄严的殿堂之上，魏王眼皮子底下，竟然有人透出这样锐利的目光！

使者视线的余光一转，原来目光来自魏王坐的胡床边仗刀而立的侍卫，那侍卫身量不高，容貌不出众，姿态更是远远不如魏王好看，但是使者只看了一眼，这个身影却像是刀刻在脑中一般，挥之不去。

这人……使者犹豫了一下，一时间也想不到应该用个什么词来形容。

接见过程没有持续太久，双方客客气气见过，彬彬有礼一番问答，魏王就让他下去了。匈奴使者回到下榻的驿馆，正在思量，忽然有人来访，一番寒暄过后，那人随口问："你今天见到魏王了？"

"是啊。"匈奴使者说。

1972年在内蒙古鄂尔多斯出土的匈奴王金冠，现藏内蒙古博物馆。

文韬武略说曹操

"魏王……是个什么样的人哪？"来人好奇地问。对于高高在上的大人物，这是大多数人都会生出的好奇。

魏王是个什么样的人，使者想了一会儿，回答说："魏王雅望非常。"魏王是个仪表俊朗的人物，从短暂的会见中，他没有看出他的远见卓识，或者有异于常人的地方，所以只能夸赞他的外表风度。

问话的人听出他声音里的困惑，追问："还有别的吗？"

"魏王雅望非常，"使者重复，表示自己丝毫没有贬低魏王的意思，"但是床头捉刀的那个侍卫，才是真英雄啊。"这句话是脱口而出，出口之后，才觉得再合适不过。没有错，那个身量不高，容貌也不俊俏的侍卫，看起来就是个英雄。

匈奴使者当然不会知道，这个好奇来问他魏王怎么样的人，是曹操派出的间谍——曹操终究不放心，想要知道"魏王"给匈奴使者的印象。听了间谍的回报，曹操沉下脸，发出一个指令："去，把那个人的头带回来！"

没有人敢问一句为什么。为什么要杀匈奴使者呢？使者不是在赞美他是真英雄么？

也许是因为，匈奴使者能够看破皮囊的美丑，看出他的英雄气度，这样的眼光与见识，说明他是个可怕的敌人，所以不能放他回匈奴。

也有可能，曹操担心，匈奴使者这时候还没有反应过来，以为床头捉刀人只是个侍卫，但是回头细想，很有可能识破这才是真正的魏王。身为中原的王者，竟不敢以真面目接见异邦使者——曹操不想让自己沦为这样的笑柄。

选择继承人

建安二十一年（216）五月，曹操进爵为魏王。不久，整个邺城山雨欲来。大家都知道，有大事就要发生了，或者说，它就在发生当中。

先是中尉崔琰死了。崔琰是东汉末年的名士，以清正耿直著称。建安十八年（213），曹操拜崔琰为尚书。二十一年五月，又任命崔琰为中尉，掌管都城的巡卫。可是因为一件小事，深得曹操信赖的崔琰就被罚去服劳役。曹操派人去监视他，却发现他神态自若，没有认错的意思。结果，曹操居然赐死了崔琰。崔琰的死，在邺城是不小的震动。因此引发的后续事件，尚书仆射毛玠的入狱，则更让人心惊。

毛玠是陈留人，初平年间就投奔了曹操，他为曹操效力的时间，几乎和荀彧一样久。崔琰无辜而死，让毛玠很伤感。后来有人告发毛玠，说他对曹操的严刑峻法不满，曹操大为恼火，下令逮捕毛玠，罢免了毛玠的官。毛玠免官归家后不久就郁郁而终。

有这两个告发事件和处置结果摆在面前，整个邺城噤若寒蝉。大家都知道崔琰、毛玠落得这样一个下场的原因，但是没有人敢说出来，因为那事关一个重大而敏感的话题——立储。

皇帝老了，会由太子来继承天下；魏王曹操老了，他想在儿子当中找一个继承人，继承他这一生创立的基业。几乎每个人都能够看出魏王的犹豫，在五官中郎将曹丕与临淄侯曹植之间，曹操的目光游移不定。

　　曹丕年长，并且文武全才。他八岁时候就能够写文章，通读古今经
传，诸子百家。他曾经跟随父亲出征张绣，张绣降而复叛，曹操的长子
曹昂和侄子曹安民就死在乱军当中。当时年仅十一岁的曹丕，竟然能够
凭借自己出色的骑射逃出险境。他的剑术，是当世击剑名家也佩服的。

　　曹操的第四子、曹丕的同母弟曹植也非常出色。他才华横溢，敏
捷多智，每每曹操拿问题考他，他都能应声而对。而且曹植还很得人
心，身边聚集了不少有才能的人。

　　该以谁为嗣子，继承魏国的事业呢？这个问题，不仅曹操在想，邺
城一众官员心里，也盘旋已久。

　　建安十八年，汉献帝封曹操为魏公。这个时候，曹操就有过一次
立储的决心。只是他心里犹豫，又不方便大肆张扬，怕有伤儿子们的
手足之情，所以以密信的方式询问左右亲信意见。

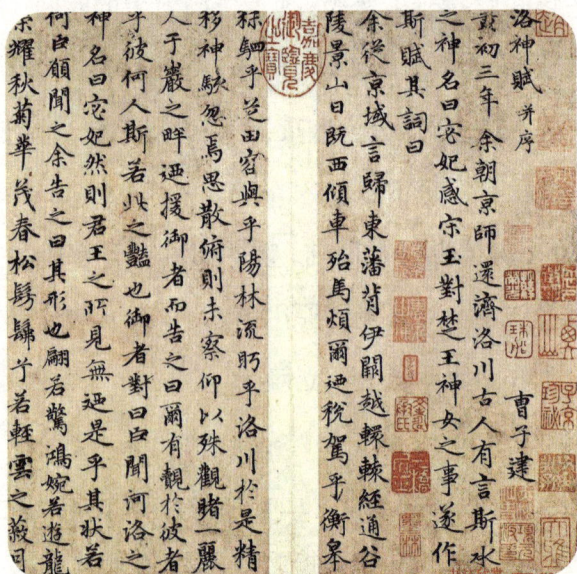

元代赵孟頫小楷《洛神
赋》。《洛神赋》是曹植的代
表作品，虚构了自己在洛水边
与洛神邂逅的场景。

尚书仆射毛玠回复说："袁绍就因为嫡庶不分，导致众子覆灭。废立这样的事情，不是臣子可以听闻的。"当时的人把正妻生的长子称作嫡子，其他的儿子都是庶子。如果不是曹操看重曹植的才华，按照礼法，曹丕应该是顺理成章的继承人。毛玠是以袁绍的前车之鉴，反对曹操用曹植取代曹丕的嗣子地位。

反应最激烈的是尚书崔琰。曹操用密信问他，他直接用奏章回答："《春秋》大义，立子以长，五官中郎将曹丕仁孝聪明，我将以死捍卫他的继承权！"崔琰的侄女是曹植的妻子，但是崔琰居然不为曹植说话，这让曹操十分意外。这个奏章一出，曹操对立储的犹豫，对曹植的偏爱，就再也瞒不住了。曹操心里恼怒，却还不得不嘉奖崔琰，说他刚正耿直。

左右亲信的劝阻，把曹操从对曹植的偏爱中往回拉了一点，但是曹操并没有听从他们，而是让嗣子的位置空悬。曹植的惊世之才，始终让曹操难以割舍。

建安十九年（214），曹操南征孙权，他带了曹丕在军中，留曹植在邺城。临走时，曹操殷殷叮嘱曹植，说："我二十三岁的时候，在顿丘当县令，回想起当时作为，至今都不后悔。现在你也二十三岁了，要努力啊。"这话已经说得很露骨，曹操是以自己为榜样，希望曹植能够奋发。曹操二十三岁在顿丘当县令，时间虽然很短，但是除残去秽，整顿吏治，很有一番作为，他希望曹植能够效仿他，有所作为。

这个时候，一些有才能的年轻人，丁仪、丁廙（yì）、杨修，都看好曹植。黄门侍郎丁廙更是再三给曹植说好话，说他仁孝聪明，天下的贤才君子都愿意与他交往，为他效力。曹操试探着问："子建（曹植的字）是我钟爱的儿子，如果果然如你所言，我立他为嗣如何？"丁廙当时回答说："那是我大魏之福！"听到这些话，曹操的心又向曹植偏了偏。

随后，毛玠、崔琰这些当初反对过立曹植为嗣子的人，接二连三被罢黜、下狱，死亡。但是曹操的决心最终还是没有定下来，他又把目光转向曹丕。

曹操又一次出征，儿子们给他送行。曹植像从前一样，写华丽的篇章称颂他的功德，曹操左右都惊叹曹植的才华，曹操心里也很得意。曹丕只一路默默垂着头不说话。曹操想，论才气，子桓（曹丕的字）还是不如子建啊。

一路送到城门口，曹操上马将行，曹丕忽然拜倒在烟尘里，哽咽说："父亲保重！"一句话没说完，泪如泉涌。曹操当时怔了怔：这孩子！心里的犹豫又更深了一层。

这些年，曹丕在做什么？他在写一本前所未有的书，叫《典论》。他在书里写道：盖文章，经国之大业，不朽之盛事。意思是，文章是治国伟业，是永远不会磨灭的了不起的大事。曹丕沉浸在自己的著述当中，对于外界的风雨，并不十分关心。曹植的步步紧逼，他也没有反击。这种仁厚的态度，让曹操十分满意。曹操心里更是犹豫，

建安二十二年（217）初冬，魏王注视着镜中已然苍老的面容，吩咐说："去，找文和（贾诩的字）来。"贾诩是他帐下最老谋深算的谋士。

贾诩很快就到了。所有人都退了下去，就只剩下魏王和贾诩相对而坐。

"你说，"魏王盯住贾诩，"……子建还是子桓？"

良久，贾诩只是不答话。

魏王恼怒起来："我和你说话，你为什么不回答我？"

贾诩像是走神了，被他这一喝才醒过来，起身告罪说："我想起一些事，所以没有能及时回答。"

"想什么？"魏王问。

"袁本初、刘景升父子。"

贾文和这只老狐狸，曹操大笑。袁绍因为偏爱幼子，导致父子离心，手下谋臣武将也各有站队，互相攻讦，到袁绍病亡，他的两个儿子都把对方当作仇人，整个袁氏家族因此分崩离析。刘表父子也是这样。他当时还嘲笑过他们不明智，轮到自己身上，才知道是人之常情。要细想，其实这句话，多年前毛玠也劝说过，只是不到时候，不知道切肤之痛。

"我知道了。"曹操摆手，让贾诩退下。

曹操提笔，一字一句给儿子们写道："汝等悉为侯，而子桓独不封，止为五官中郎将，此是世子可知矣。"当初我把你们都封了侯爵，子桓独独不封，止步为五官中郎将，这就是要他做世子的意思。

封曹植为平原侯，曹丕为五官中郎将，是建安十六年（211）的旧事了。曹操叹了口气，他看重曹植的才华，一手培植他，到现在，又须得一一斩断，以除后患。他除了是一个父亲，还是一个君王，作为父亲，他可以无节制地偏爱有才华的小儿子；但是作为一个君王，他必须对自己的事业负责，对天下负责。

杀杨修

　　曹操提笔写下两个字，又搁笔。这是一封很难写的信，他要告知一位老人，我处死了您的儿子。

　　老人叫杨彪，出身弘农杨氏，四世太尉，与汝南袁氏并为名族。就本心而言，曹操是不太喜欢杨彪的。建安元年，天子迁都许昌，大宴群臣，曹操欣然入席，一眼过去，满座欢颜，唯独杨彪面色凛然，似乎不大高兴。这种态度，让曹操又惊又疑。也许是察觉到曹操的忌惮，到许昌之后，杨彪就称病辞官了。但是对这个人，曹操始终不太放心，他威望太高，一旦出来号召群臣，谁也无法预料会出什么乱子。所以建安二年，袁术称帝，曹操曾借口杨家与袁术有亲而弹劾杨彪，直到孔融以"父子兄弟罪不相及"来说服，曹操才罢手。建安四年，杨彪被任命为太常。太常主管祭祀，地位尊崇却没有实权。六年之后，连这个官职也都罢免。次年，杨彪称有足疾，不再出仕，到如今，有近十年了。曹操挥笔写道："……您曾经和我共同担当海内的大义，后来，您又让才华横溢的儿子来辅佐我。"

　　才华横溢，用这个词来形容德祖（杨修的字），应该是恰当的，曹操想。

　　杨修出仕，与大多数世家子弟并无二致，举孝廉，除郎中，一帆风顺。杨修是个聪明人，而曹操对于聪明人，一向多有偏爱，所以就以杨修为仓曹属主簿，主管钱粮。这个时期，军国多事，杨修在岗位上得心应手，颇受信赖。

建安十三年（208），曹操废三公，重置丞相，乃建丞相府。才刚刚开始构造屋檐，曹操前去察看，看完之后不置一词，在门上题了一个"活"字。当时左右工匠面面相觑，不知道这是什么意思。

过得几日，曹操再去的时候，却发现门已经被拆了，工匠们正在重建。曹操当时颇为吃惊，派人去询问是怎么回事，工匠们回答说："杨主簿说，门内添'活'，是个'阔'字，丞相嫌门太大了。"

曹操闻言，拊掌微笑而已。

这样的机巧，不止一次两次。

有一次有人给曹操送来一盒酥，曹操自己吃了少许，觉得味道很好，在盖上写了一个"合"字，传与众人看。众人不解其意，传到杨修，拿起就吃了一口。有人大惊失色："德祖你这是做什么！"

也有人替他担忧："不怕丞相见怪么？"

汉代凤纹漆食盒，现藏湖南省博物馆。

107

文韬武略说曹操

杨修笑着回答说："不正是丞相让我们一人一口么，你看这个'合'字，拆开来，难道不是一人一口？"

左右这才醒悟过来。

杨修敏捷的才华，让曹操非常喜爱。所以杨修很过了一段如鱼得水的日子，曹操的两个儿子，五官中郎将曹丕、临淄侯曹植，都争相与他交好。

曹操在信里写：您的好儿子，倚仗家世豪强，每每与我作对，我本来是早就要处置他的，总顾念他能改，所以再三地宽恕他。——但是曹操自己也知道，这个说辞，其实并不足以服人。

然而真实的理由，往往难以出口。杨修有才，只是不谦恭，即便稍有出格，他也不是不能包容。曹操最终不得不惩治他，是因为他参与曹丕和曹植的储位之争。那是曹操的失误，世子这个位置，在曹丕和曹植之间，他犹豫了太长的时间。曹植有才，十余岁就能诵诗，善写文章；曹植也像他，性情旷达，不喜奢华。没有一个做父亲的，会不偏爱这样的孩子。

杨修与曹植交好，曹操是知道的，他对杨修的不满，也是在曹丕与曹植的争储中，慢慢滋生出来。杨修曾经密报，说曹丕将朝歌县县长吴质装在竹箱里，运进府邸，密谋大事。曹操当时将信将疑。到次日，杨修又来报，曹操问："德祖可有把握？"杨修垂手应道："请明公亲自察看！"

曹操依从其言，命人拦截曹丕的车驾，驾车人争辩说不过是些绢素布匹，曹操看着杨修，杨修拱手道："请明公开箱！"

曹操的手按在竹箱上，他清楚地知道那意味着什么，他殷切地盼着竹箱里没有人，他的儿子，没有背着他算计和谋划。但是如果没有，作为曹植的挚友，杨修这样执著地一而再、再而三地告发，坚持要他亲自来察看，又意味着什么，曹操矛盾地想，几乎要掉头离去。

但是他也知道不能。曹操抓住竹箱的盖子，猛地往上一掀，松了口气，竹箱里没有人，确如驾车人所言，只有绢素和布匹。杨修惊得退了半步，脸色苍白。

曹操没有说话，从杨修身边走过去。这样一个人，他信任，他重用，他悉心栽培的一个人，竟然在他的面前诬告他的儿子！他们是觉得自己已经昏聩到这个地步了吗，还是以为自己可以被玩弄于股掌之间？是他可欺，还是他的儿子可欺？他今日欺曹丕，难保他日不欺曹植。疑心一起，杨修的以往种种，纷纷露出破绽。

曹操素日，常拟问题考校诸子，诸子之中，曹植的回答每每出乎意料地快，也出乎意料地好。曹操还很为这个儿子的才思敏捷得意过。如今仔细查问，才知道杨修每次去见曹植，都会揣度他曹操的心思，为曹植预先拟题作答。

有一次，曹操欲测试二子的决断力，命曹丕与曹植各出城门，私底下却敕令守城兵士，不许人进出。曹丕至城门，被看守阻止，无功而返；曹植则拔剑斩杀看守，完成了曹操的命令。当时以为曹植果断有魄力，到如今，方才知道，那也是杨修所教。

之后，曹操犹豫多年终于做了决断，在曹丕和曹植之间，他选了相对沉稳的曹丕。到这时候，杨修的结局，已经没有悬念。

建安二十四年（219）三月，曹操出兵汉中，刘备据险以守。曹操欲进不能，固守又难见成效，恰好亲卫来问口令，曹操随口说："鸡肋。

109

鸡肋。"杨修回营之后，开始整理行装。有人惊问缘故，杨修回答说："鸡肋者，食之无味，弃之可惜。丞相用来比作汉中，是想退兵了。"曹操听到这个话，一面恼怒，军国大事，岂容胡乱揣测，动摇军心；一面叹息，这样机敏，不得不让人忌惮。

没有华佗，曹操自己也能感觉到身体的每况愈下。我活不久了，他想，我不能留着德祖，让子桓（曹丕的字）为难。

"……复即宥贷，将延足下尊门大累，便令刑之。念卿父息之情，同此悼楚，亦未必非幸也。"曹操写下这句话，是明明白白告诉杨彪，如果我再姑息他，恐怕会累及足下家门，所以我下令处死了他。

行刑回来的人说，杨德祖死前说的最后一句话是："我本来早就该死了。"

曹操忍不住想，以德祖的聪明，自然知道我杀他为的是什么。但是日后人们提起德祖之死，也许会以为是我嫉妒贤能。曹操自嘲地笑了一笑，在信尾列出赠与杨家的礼物，比如锦衾、银杖、宫绢，再比如车、马、牛。想了想，又添一句客气话："所奉虽薄，以表吾意。足下便当慨然承纳，不致往返。"意思是，礼物虽然微薄，却是我的一点点心意，请慷慨地收下，不要让送礼物的下人来回往返。

写完这封信，曹操很有些疲倦。他命人请卞夫人来，对她说："我处死了德祖，袁夫人应该会很伤心，你要不要写封信安慰她？"

"好。"卞夫人这样回答他。

我做周文王

堂上忽然没了声息，所有的人都在等魏王发话。

曹操看了一眼案上的文书，那是孙权的信。信写得很恭敬，是劝说曹操顺应天命，即位称帝。曹操在心里暗暗地笑："孙权这小子，是要把我放在炉火上烤啊！"

殿中群臣面面相觑，摸不透魏王的意思。

侍中陈群进言，说："汉室国祚已尽，不是从今天开始的，主公您功德巍巍，是天下所望，所以孙权虽然远在江东，而向您称臣，是承应天意。如今正该继承大位，还有什么可疑虑的呢？"

前将军夏侯惇也说："天下都知道已经到了改朝换代的时候了。自古以来，能够为民除害，得百姓归心的人，就是万民之主。主公戎马三十年，有功于社稷，有功于百姓，所以天下依归，登基称帝，是应天顺民，为什么还要犹豫呢？"

其他的人也纷纷附和。没有人反对，曹操的目光从这些人脸上看过去，他忍不住想，如果荀彧在这里，会说什么呢？臣子们不知道，曹操不愿意做皇帝，很大一部分原因，是因为荀彧。

荀彧过世已经六年了。他是颍川人，出身世家。荀彧的祖父荀淑有八个儿子，个个都很出色，号称八龙。荀彧的父亲曾任济南相，叔父曾为三公之一的司空。荀彧年少时候就有才名，人们都说他有辅佐君王的才能。汉献帝永汉元年（189），荀彧举孝廉，在朝中担任守宫令，掌管天子的笔墨纸张。乱世起，荀彧弃官避祸冀州，被袁绍奉为上宾。那是初平二年（191），袁绍气势正盛，荀彧的堂弟荀谌也在袁绍手下做谋士。但是荀彧还是断然离开冀州，投奔了东郡的奋武将军曹操。

这是一段君臣佳话的开始，曹操握住荀彧的手说："你就是我的子房啊。"张良字子房，与萧何、韩信并称"汉初三杰"。汉高祖刘邦能够得到天下，就得力于这三个人：运筹帷幄之中，决胜千里之外的张良；率百万之众，战必胜，攻必克的韩信；以及镇守后方、安抚百姓，能够保证军粮供给的萧何。曹操以张良比荀彧，是对他才能的肯定，也是表达得到他的喜悦之情。

兴平元年，曹操东征徐州陶谦，后院起火，陈宫、张邈把兖州送给吕布，兖州治下大部分州县都改旗易帜，时任司马的荀彧愣是与寿张县令程昱拼死保住了鄄城、东阿、范县三县。当时豫州刺史郭贡听说兖州有变，率数万大军前来趁火打劫。兵临城下，城中人心惶惶，都以为守不住，荀彧单枪匹马，出城去见郭贡。因为他的毫无惧色，让郭贡误以为鄄城不容易打下，悻悻然领兵退去。

那是曹操戎马三十年生涯中最低谷的时候，不知道多少文臣武将背叛他、离开他，但是荀彧始终忠心耿耿。荀彧对曹操坚定不移，曹操对荀彧也是言听计从。

兖州之乱之后，曹操花了近一年的时间与吕布缠斗，到渐渐占据上风的时候，传来徐州牧陶谦病死的消息。曹操就想要绕过吕布，先攻打徐州，但是荀彧反对，荀彧说："要成就大业，就必须巩固根本，这样，进可制胜，退足以固守。"这条方针，是曹操得以从当时林立的诸侯中脱颖而出的关键。可以说，没有荀彧的战略眼光，就没有曹操的霸业。荀彧的功劳还不止于此，迎汉献帝到许都，奉天子以讨不臣，是荀彧的谋划；官渡之战，曹操与袁绍对峙官渡，弹尽粮绝，一再想要撤回许都，也是荀彧的强烈反对，让曹操坚持，直到取得了胜利。

荀彧有识人之明，他举荐给曹操的人才，有谋士荀攸，官至太傅的钟繇，官至尚书仆射的杜畿，奇计迭出的戏志才与郭嘉，以及后来为曹丕制订影响了整个魏晋南北朝的九品中正制的陈群。

那些年，曹操领军东征西讨，荀彧在朝中，就如定海神针，既如张良运筹帷幄，也如萧何保证了后方稳定，后顾无忧。君臣戮力同心，默契有加，足足二十一年。

一直到建安十七年（212）冬天。曹操还记得和荀彧反目时的那个时候，才入冬，天气还不太冷，草木挂上了霜，一口气吹出去，一片白茫茫。

曹操打算东征讨伐孙权。大军出发前，董昭对他说："自古以来，做臣子没有谁有您这样大的功劳；有这样功劳的人，没有谁能够一直做臣子。对此，您不能不慎重考虑。"

董昭的意思，是说曹操该得到更高的爵位。曹操把董昭的建议拿出来与谋士、将领们商议。众人都认为，他应该进爵为国公，受九锡之赏。

唯有荀彧反对。荀彧说："主公当初兴义兵，是为了匡扶朝廷，安定天下，怀着忠贞爱国之心，就不应该接受这样的爵位。"

荀彧的话让曹操当头挨了一记闷棍。曹操想过这件事上会有人反对,但是没有想到反对的人会是荀彧。

荀彧的反对让曹操愤怒。但是既然荀彧反对,曹操只得退缩了。他无法忽视荀彧的意见。

当然曹操也没有放弃,他试图找机会说服荀彧,或者采取手段,令他屈服。所以这一年南下攻打孙权,曹操命荀彧到谯县劳军。东征大军向濡须进发,荀彧病倒,曹操留荀彧在寿春养病。当时都没有想到,这一别就是永别。到回师,荀彧已经过世了,终年五十。左右服侍的人说,荀彧死前,一直闷闷不乐。

荀彧的死亡,对曹操是一个打击,他再也无法说服荀彧,争取他的支持。何况,荀彧的死更像一个抗争,似乎是以死表达他的不满。

第二年,曹操进爵魏公,建魏国,加九锡,置尚书、侍中、六卿等百官。又三年,进封魏王。受封魏王的时候,已经再没有人敢站出来反对,荀彧的侄儿荀攸甚至领衔劝进,但是曹操自己心里清楚,他这是在"不臣"的路上,又更进了一步。自汉初的异姓王纷纷被诛之后,四百年来,他是汉室第一个异姓王。

西汉初年,汉高祖杀白马为盟,与天下相约,非刘姓而王,天下共击之。到这时候,曹操的功劳,天子已经没有什么可以赏他,再进一步,自己很轻易地就可以做皇帝了。这个念头不是没有想过,也不是没有人劝进,比如现在,孙权的信就摆在面前。

孙权不怀好意,曹操心知肚明,面对满朝文武的劝进,曹操却忽然想起六年前荀彧的反对。荀彧早就料到会有这一天吧。只要他封了公爵,受了九锡,就会一步一步,身不由己,被推向皇帝之位。进一步,再进一步,是人的贪得无厌。

现在想起来，当初荀彧反对他称公，也许是因为心怀汉室，也许是因为一早就知道，一旦走到称帝这条路上，曹操就会失去道义上的优势，失去天下人的支持，他会为千夫所指，在青史上，沦为乱臣贼子。

也有可能，只有荀彧知道，曹操最初的心愿，是做大汉的征西侯，虽然后来再没有人提过，但是荀彧还帮他记着，一个人不该忘记当初为什么出发，为什么征战四方。

这个追随多年的部下，或者说老友，像一根准绳，一方标尺，也像是最后勒住他的弦，死死卡在那里，移不开，绕不过，搬不走。

面对孙权的书信，曹操反反复复地想着荀彧当年的反对。曹操知道，正因为这个陪伴自己几十年老友的存在，自己没有勇气走出称帝这一步。

建安二十四年，魏王曹操长长吐出一口气，面对左右属臣的期待，说了这句话："如果天命在我，我就做周文王吧。"周文王据天下三分之二，却始终对商称臣，就如同他曹操始终是汉臣。

曹操的目光恍惚越过济济人头，看见多年前的夏天，浓荫匝地，知了藏在密绿的树叶里，声嘶力竭，曹操看见多年前的自己，听对面的年轻人侃侃而谈，然后他握住年轻人的手说："你是我的子房啊。"

"老朋友，这样一个结果，你应该会满意吧。"曹操念叨着荀彧的名字，心里默默地想。

分香卖履

　　在三国归晋之后，有个吴郡来的叫陆机的年轻人，在洛阳谋得了著作郎的官职。他行走在皇家藏书阁的书香翰墨之中。一线阳光透进来，木屐叩地，尘埃飞舞，就仿佛是踩在青史里，激起无数回音。

　　他发现了一卷文献，一行一行读下去，到读完，日色将暮。一卷书，原本无需读这么久，他也没有料到，这样平淡无奇的一卷书，会是《魏武遗令》。

　　那时候魏武帝曹操已经长眠于地下许多年。读着《魏武遗令》，陆机觉得诧异，曹操这样的英雄，在死亡面前，也会悲哀和恐惧。

　　"……我半夜醒来，觉得有点不舒服，到次日喝粥，竟然出汗，服用了当归汤。"曹操的这封遗书，从他的病开始写。

　　他的儿子曹植在《白马篇》中写："捐躯赴国难，视死忽如归。"死亡，也是一种归去。对自己的病情，曹操并不讳言，他知道自己就快要死了。

　　他目光扫过站在面前垂手聆训的儿子们。曹丕领头，后面跟着曹彰，曹植，曹据，曹宇……他的目光停留在这一长排的最后，他最小的儿子和女儿，他们还很小，小到假如没有人照顾，就不能够独自长大。

　　"过来！"曹操对孩子们招手。

曹操常年征战在外，老老实实呆在邺城的时候不多，即便在邺城，也有见不完的人，忙不完的事。几个成年的儿子，曹丕、曹植、曹彰，是他亲手发蒙，教他们骑射，教他们写字读书，在打下邺城之前，他出征打仗，他们也跟在军中。但是那些年幼的子女，一年到头，也见不了他几次。

孩子怯怯地看着这个陌生而衰弱的老人，懵懂天真。他们还不知道"父亲"这个词的意思，不知道他的死亡，会给他们的命运带来怎样的变化。他们迈不开脚步，直到身边的婢子，将他们抱到父亲面前。

曹操抱起小女儿，这是他第一次抱她，大约也是最后一次，以后就没有机会了，是力不从心，也是时不我待，他不可能看着他们长大。

曹操指着小儿子曹干，对长子曹丕说："这个孩子，三岁丧母，五岁失父，……只能都托付给你们了。"

他年少的时候横刀跃马，以天下为己任，到年老力衰，连膝下幼子也只能托付于人。

剩下的话，就都是说给成年的儿子们听了。一些关于经略国家的方针，兴隆家族的训示，他说："我在军中，执法治兵，有可观之处，你们可以照做，至于那些因为一时之气而导致的过失，你们就不要效仿了。"

国事说完，就是后事。曹操既然不讳言自己的死亡，自然也不会避而不谈丧事和葬礼。"天下还没有安定，"曹操说，"我的安葬，不必遵循古礼。我有头风病，日后大殓的时候，不要忘记把我的头巾一同下葬。葬礼过后就脱下丧服，不必为我守孝。国事要紧，各地的将领不得擅离职守，官员要坚守岗位。入殓的时候，就用我平时穿的衣

文韬武略说曹操

服。葬我在邺城以西的山冈上,不要陪葬金玉珠宝。"

古人讲究事死如事生,也就是说,对于死后,要像生前一样,准备衣物等生活用具。两汉时候的丧葬十分隆重,下葬的王侯,往往穿着奢侈的金缕玉衣——用玉片拼成铠甲,以金丝相连,制作精美,耗费无数,又陪葬以珠宝明器。

曹操反对厚葬,认为繁琐又没有好处,他活着的时候,就给自己准备了下葬的衣服,都是他平时穿用的,在箱子上标明春夏秋冬。按照当时的规格,入殓的衣服,士三十套,大夫五十套,君王百套。又不许陪葬金玉珠宝,曹操的丧葬,以当时的标准,实在是寒酸极了。

下葬的地址,是曹操在建安二十三年(218)六月选定的,因为这个地方贫瘠,不适宜耕种,地势又高,不必另造高陵。曹操对儿子们说:"我埋葬的地方,不封不树,不立寝殿,不造园林,不通神道。"这是防止他死后大兴土木。

这些话,在曹操身体还好的时候,就反复和儿子们说过,虽然不符合当时人的观念,但是曹操一向节俭,也一向讲究实际,耳濡目染,曹丕和弟弟们并不觉得意外,一一都点头应下。

曹操停了一停,交代这些事,耗去了他太多的精力。然后说:"我府中的婢女、姜室和伎人,平时辛苦操劳,我死之后,你将他们都安置在铜雀台,好好对待。"

铜雀台落成于建安十五年(210),在邺城的西城墙上,外临滔滔漳水,下引长明渠伏穿而过。当时落成,曹操曾命诸子登台为赋,曹丕、曹植听父亲说到铜雀台,想起当日,心里都悲伤难抑。

"……在铜雀台上,"曹操继续说道,"安放六尺长的床,我的灵位就摆在床上，初一、十五，让歌姬舞姬伎工们，对着我的灵位奏乐跳舞，从早到晚。"曹操喜欢音乐，喜欢歌舞，《曹瞒传》上就因此记载，说魏武帝为人轻佻，没有威仪。

曹操的目光转向窗外，铜雀台是他的得意之作，他登上那里，眺望过很多次，所以他这样吩咐他的儿孙们："我死之后，你们要时常登台。从那里往西看，就能看到我的陵墓。"

最后，曹操交代说："我府中还有剩余的香料，不要用来祭祀我，拿去分给诸位夫人。我的那些妾妇，在我死后，将无事可做，就让她们学着编制带子、鞋子，拿去贩卖，也好有些收入，可以过日子。我历年为官得到的绶带，都收在一起，其他衣裳，另外收存，不便存放的，你们兄弟拿去分了吧。"

因为天下始终没有安定的缘故，曹操一生都过得非常节俭，他的妻妾衣服不许用锦绣，鞋子不用二色，帷帐屏风有损坏，也是补补接着用，并不换新。褥子毯子之类的东西，只求保暖，不加以刺绣之类的修饰。

河北临漳县根据文献记载还原的铜雀台

119

文韬武略说曹操

　　熏香名贵，曹操一向是不用的，他不用，也不许家中人用，直到后来女儿曹节被立为皇后，位份所在，依礼必须焚香净室，才不得已允许家中用香，但是后来又禁止了，只许烧枫胶和蕙香。枫胶就是枫脂，蕙香是一种草，都是廉价不值钱的东西。

　　曹操写这篇遗令的时候，定然想不到，他过世仅仅六年，他寄希望完成他未竟大业的爱子曹丕也随之于地下，再十三年，他疼爱的长孙曹叡病逝，之后三国终，中原在丧乱数十年之后重新统一，国号晋。

　　透过手上的文献，往事历历在目。这是西晋元康八年（298），陆机写下《吊魏武帝文》，感叹曹操的功业，也感慨曹操在遗嘱里对人世的依恋和不舍。不久，乱世又起，陆机兵败被杀。又一个时代开始了。

　　而三国，那个英雄辈出的年代，永远地结束了。那些曾经在中原大地上驰骋往返，满腔热血和梦想的少年，那些旌旗与硝烟，诗歌与檄文，就像是一阵风吹过，只留下遍地叹息。

附录　曹操生平速览

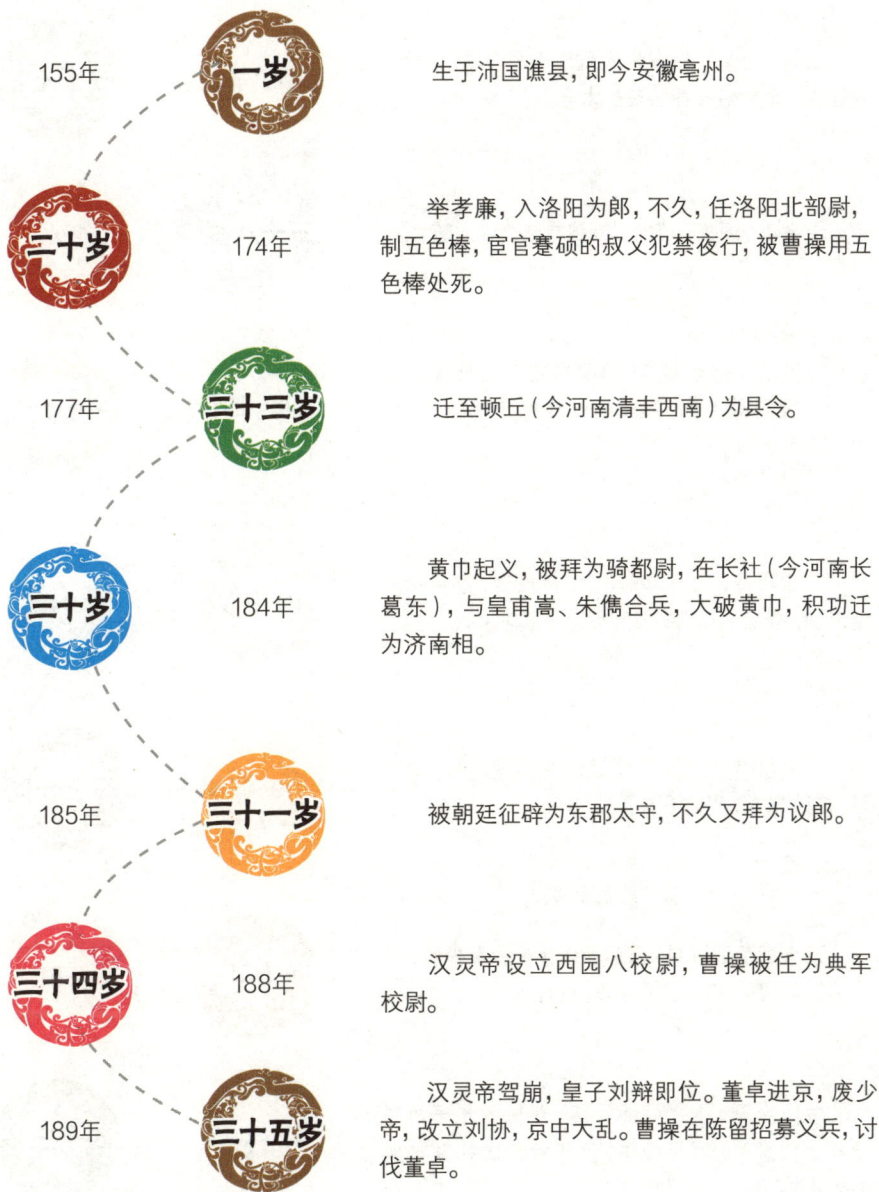

155年　　一岁　　生于沛国谯县，即今安徽亳州。

二十岁　　174年　　举孝廉，入洛阳为郎，不久，任洛阳北部尉，制五色棒，宦官蹇硕的叔父犯禁夜行，被曹操用五色棒处死。

177年　　三十三岁　　迁至顿丘（今河南清丰西南）为县令。

三十岁　　184年　　黄巾起义，被拜为骑都尉，在长社（今河南长葛东），与皇甫嵩、朱儁合兵，大破黄巾，积功迁为济南相。

185年　　三十一岁　　被朝廷征辟为东郡太守，不久又拜为议郎。

三十四岁　　188年　　汉灵帝设立西园八校尉，曹操被任为典军校尉。

189年　　三十五岁　　汉灵帝驾崩，皇子刘辩即位。董卓进京，废少帝，改立刘协，京中大乱。曹操在陈留招募义兵，讨伐董卓。

文韬武略说曹操

122

天下诸侯共推袁绍为盟主，联军讨伐董卓。曹操独自引军，在荥阳与徐荣交战，因兵少战败。

190年

引兵入东郡，在濮阳大败黑山军于毒、白绕、眭固等，被袁绍表荐为东郡太守。

191年

于毒攻东武阳，曹操以围魏救赵之计大破之。

192年

曹操的父亲曹嵩与弟弟曹德在来兖州途中死于徐州牧陶谦手，曹操起兵讨伐徐州陶谦，一口气打下十余城。

193年

二次伐徐，四月，陈宫、张邈叛变，迎吕布入兖州。曹操被迫回师，与吕布战于濮阳。

194年

打败吕布，十月，被朝廷任命为兖州牧。十二月，打败张邈，平定兖州。

195年

迎汉献帝到许县，汉献帝以曹操为费亭侯，总领尚书事。曹操自此总揽朝政，百官听命。

196年

讨伐张绣，张绣降而复叛，曹操的长子曹昂把马让给父亲，死于乱军，侄子曹安民和爱将典韦战死。

197年

198年　四十四岁　征讨吕布，生擒吕布、陈宫，悉斩之。初步得到徐州。

四十五岁　199年　官渡之战开始。

200年　四十六岁　东征刘备，克之。在白马斩颜良，延津诛文丑。十月，许攸来奔，夜袭乌巢，在官渡大败袁绍。

四十七岁　201年　四月，击破袁绍仓亭军。九月，南征刘备，刘备投奔刘表。

202年　四十八岁　袁绍卒，袁尚嗣立。九月，曹操击袁谭、袁尚，败之。

四十九岁　203年　三月，大破袁尚、袁谭的军队。八月，南征刘表，驻军西平。

205年　五十一岁　斩袁谭，平定冀州全境。十月，曹操还邺。

五十二岁　206年　一月，西征并州高干。四月，并州平定。

123

曹冲病死。六月,曹操任丞相。七月,南征刘表。十二月,赤壁之战,曹操败走华容道。

 208年

冬,曹操作铜雀台。

210年

正月,封曹植等三子为侯,以曹丕为五官中郎将。七月,关中马超、韩遂起兵作乱,曹操西征,大破关中联军。

 211年

进爵为魏公。

213年

进爵为魏王,征孙权。

 216年

以五官中郎将曹丕为世子。

217年

汉中失陷,曹操进军汉中,与刘备争夺汉中,无功而返。

 219年

逝世,谥号称武王,葬于高陵。

220年